EINE SCHRECKLICH NETTE FAMILIE®

BASTEI
LÜBBE

PEG BUNDY

KÖCHELN & RÖCHELN MIT PEG

Aus dem Amerikanischen von
Armin Gontermann

BASTEI LÜBBE

BASTEI-LÜBBE-TASCHENBUCH
Band 12157

Herausgeber: Gustav Lübbe Verlag GmbH,
Bergisch Gladbach
Printed in Germany Februar 1994
Einbandgestaltung: Gisela Kullowatz
Titelfoto und Fotos Innenteil: ELP
Satz, Druck und Bindung: Ebner Ulm
ISBN 3-404-12157-0

Der Preis dieses Bandes versteht sich einschließlich
der gesetzlichen Mehrwertsteuer

INHALT

> »In der Geschichte der Familie Bundy hat noch nie eine Frau arbeiten müssen – auch nicht zu Hause.« – Peg

Ein ganz persönliches Vorwort von Peg

Wenn Sie Peg Bundy kennen, dann wissen Sie, daß ich mich nicht als die billige Haushaltskraft verstehe, die mein Mann sich in seinen Träumen herbeisehnt. He, das hier ist *wichtig,* also lassen Sie gefälligst die Finger von dem Käsekuchen und der Diät-Limo, und hören Sie mir zu!

Warum sollen Frauen denn altern und schwitzen und früh sterben, frage ich Sie. Dafür hat man doch schließlich Ehemänner und Kinder. Also los, Mädels, wehrt euch! Jede Stunde, die ihr vor dem Frühstücksfernsehen hockt, ist ein Sieg für die Freiheit. Und jede Minute, die ihr staubsaugt, bringt euch der Hausfrauenhölle näher.

Aber manchmal macht einem das Leben eben doch einen Strich durch die Rechnung. Ganz gleich, wie fest man tritt, wie laut man schreit, wie tief man anderen seine Pfennigabsätze einbohrt, irgendwann kommt doch der Tag, an dem

man sich nicht mehr gegen die totale Erniedrigung wehren kann.

Und das, meine Damen, ist der Augenblick, an dem Sie für Ihre Familie *kochen* müssen. Es könnte zum Beispiel an dem Tag passieren, an dem die Telefongesellschaft Ihnen die Leitung unterbricht oder das Gesundheitsamt die Imbißbude in ihrer Nähe endgültig dichtmacht. Oder es könnte an dem Tag passieren, wenn alle aus der Familie Ihnen sagen, daß sie erst spät nach Hause kommen, und dann taucht plötzlich doch jemand früher auf und erwischt Sie dabei, wie Sie heimlich für sich selbst einen Fertigmix-Schokoladenkuchen backen.

Was ich damit sagen will, ist, daß Ihre Familie irgendwann unweigerlich herausfinden wird, daß Sie *doch* in der Lage sind, noch etwas anderes in den Ofen zu schieben als Ihren eigenen Kopf und das dreckige Geschirr vom Abend zuvor.

Verstehen Sie mich bitte nicht falsch. Mahlzeiten an sich haben durchaus ihre Berechtigung – aber nicht, wenn man sie *selbst kochen* muß. Und sehen Sie, bei diesem Problem kann ich Ihnen nun helfen. Die Rezepte in diesem Buch sind die größtmögliche Annäherung an den Idealzustand, nicht zu kochen und trotzdem was Eßbares auf den Tisch zu bringen.

Glauben Sie mir, Sie brauchen keins von diesen anderen Kochbüchern, in denen steht, wie man solche Sachen wie Erbsen mit Reisfüllung zubereitet. Ich lese selbst auch keine Kochbücher. Zugegeben, einmal habe ich mir aus Versehen *Spaß am Kochen* gekauft, aber nur, weil ich dachte, es wäre *Spaß am Sex*. Das war noch, bevor ich Al kennenlernte und feststellen mußte, daß einem diese Sorte Spaß sowieso nur in kleinen Rationen zugeteilt wird.

Sie wollen wissen, warum ich der Frauenwelt diesen Gefallen tue? Na, aus dem einzigen Grund, warum Frauen überhaupt einen Finger krumm machen sollten: für Geld natürlich.

Mein Gott, wie ist mir das peinlich! Was eine richtige Frau ist, die klaut einfach ihrem Mann so viel aus der Hosentasche, daß sie sich alles kaufen kann, was sie will, und trotzdem noch fünftausend Dollar im Jahr auf die hohe Kante legen kann.

Aber ich bin wirklich in ernsten Schwierigkeiten. Ganz plötzlich ist mir nämlich aufgefallen, daß Al jetzt schon so grauenerregend aussieht. Woher soll ich wissen, wann er ins Gras beißt? Natürlich wird er kurz vorher wieder sein blödes Grinsen aufsetzen, aber dann ist es schon zu spät. Kein Mann, kein Geld. Also habe ich sofort etwas unternommen.

Ich bin sehr stolz auf dieses Buch. Es ist ausgefallen, aufregend und trotzdem einfach – genau wie ich selbst. Jetzt haben Sie endlich die Rezepte für so richtig leckere Sachen, die Sie Ihrer Familie, Ihren Gästen, vollkommen Fremden, entflohenen Schwerverbrechern und sogar reichen Ärzten vorsetzen können. Also tun Sie uns beiden jetzt einen Gefallen, und kaufen Sie endlich dieses Buch, bevor Sie noch wegen Herumlungerns aufgegriffen werden.

Ach ja, Sie fragen sich womöglich, was ich mache, wenn meine Familie das Ding hier liest und herausfindet, daß ich in Wirklichkeit doch kochen kann. Aber ich bitte Sie – schließlich handelt es sich hier doch um ein *Buch!* Und außerdem habe ich ein tolles Versteck dafür gefunden.

Peg Bundy
Chicago, Illinois

Jede Ähnlichkeit
mit lebenden oder toten Rezepten
wäre rein zufällig.

> **»Ich hatte einen harten Tag, und alles, was ich jetzt noch will, ist meine Ruhe, etwas zu essen und einen Becher Gift. Ist das vielleicht zu viel verlangt?« – Al**

»Yeah, ich habe das Buch gefunden« von Al

Also, wer hätte gedacht, daß Peg so eine tolle kleine Hausfrau ist! Als ich dieses Buch gefunden habe, das im Besenschrank hinter Pegs Staubsammlung und einem Stapel alter *Playboys* versteckt lag, da hatte ich einen solchen Mordshunger, daß ich es beinahe aufgegessen hätte. Erst danach wurde mir klar, was dieser Fund eigentlich bedeutete: Peg hatte doch tatsächlich einmal den Besenschrank aufgemacht! Ich war dermaßen verblüfft, daß ich sogar vergaß, wonach ich eigentlich gesucht hatte – nach einem Hocker und einem Stück Seil nämlich.

Ob Sie es glauben oder nicht, auch ich war einmal ein Mann mit Hoffnungen und Träumen und genügend Geld zum Telefonieren in der Tasche. Wenn ein Mann heiratet, dann verspricht er sich davon regelmäßigen Sex und regelmäßige Mahlzeiten. Na schön, eigentlich will er nur die regelmäßigen Mahlzeiten, aber er ist bereit, dafür auch den Preis zu zahlen. Aber wenn er überhaupt nichts zu essen bekommt und sechzig Stunden die Woche Schuhe verkauft, damit seine Frau nicht auf ihre *Gold Card* verzichten muß, dann bleibt dabei eben unweigerlich etwas auf der Strecke. Und ich glaube, das ist der Sex, finden Sie nicht? Aber versuchen Sie einmal, das Peg klarzumachen. Jeden Abend ist es derselbe Kampf, dieselbe Willensfrage – Peg fragt mich nämlich ständig, ob ich meinen Letzten Willen schon aufgesetzt habe.

Eigentlich war ich übrigens gar nicht so besonders überrascht, als ich das Kochbuch gefunden habe. Das Essen spielt nämlich in unserem trauten Eheleben eine ganz wichtige Rolle. Peg weiß schon, wie sie mich am Laufen hält. Was läßt denn eine Frau schon noch zu wünschen übrig, wenn sie sich sogar die Mühe macht, zusätzlich zu Weißbrot und Kräckern auch noch ihre berühmten »schwarzen Hackbällchen« zu servieren. Besonders beliebt sind ihre Kochkünste beim Löschzug 9 der Feuerwehr von Chicago – der rückt immer an, wenn Peg ihre Brathähnchen nach Südstaatenart macht. Die Jungs nennen es übrigens *Mississippi Burning.*

Eins muß man Peg allerdings lassen: Niemals würde sie einem mit solchem weibischen Kram wie *Consommé, Crêpes, Pâte* und all diesem anderen Zeug mit den Akzenten über den *e*'s kommen. Aber für ihre eigenen ausgefallenen Gerichte hat sie wirklich ein Händchen. Bevor ich sie kennenlernte, dachte ich zum Beispiel immer, Aspik sei etwas, was man einnimmt, wenn Aspirin nicht mehr hilft.

Und nun können Sie all diese wunderbaren Rezepte ausprobieren, die Peg für uns niemals kocht. Aber jetzt wird es Zeit, daß ich mich verdrücke. Ich sehe nämlich, daß Peg schon ihr Lieblingsküchengerät schwingt – das Melonenmesser . . .

EINLEITUNG

»Soll ich dir morgen zum Mittagessen eine Suppe machen, Al?«

»Nein, danke, Peg . . . letztes Mal habe ich mir an der Dose die Lippe aufgeschnitten.« – Al

Die perfekte Hausfrau

Immer wieder fragen mich die Leute, wie ich das nur alles schaffe – mich um meinen Mann und meine zwei Kinder zu kümmern, den Haushalt bestens in Schuß zu halten und trotzdem noch die Zeit zu haben, all diese tollen Gerichte zu kochen. Nun ja, ich will auch gar nicht behaupten, daß das einfach wäre. Ich behaupte noch nicht einmal, daß ich das wirklich alles tue. Leute, die arbeiten, haben eine Meise. Wie meine Mutter schon immer sagte: »Gib niemals einem Mann etwas zu essen, wenn du selbst noch eine zweite Portion haben kannst.«

Auch sollten Sie keine Hemmungen davor haben, Ihre Kinder auszunutzen. Als Kelly und Bud klein waren, habe ich die Hausarbeit in eine Art Spiel verwandelt. Wer am meisten im Haushalt half, bekam abends etwas zu essen. Mittlerweile klappt das allerdings nicht mehr so gut, weil die beiden ihren Babyspeck schon fast vollständig aufgezehrt haben.

So weigert sich Kelly zum Beispiel neuerdings, die Betten zu machen, mit dem Argument, daß sie für ihr ganzes Leben schon genug Betten gesehen hat. Aber aus irgendeinem Grund hat sie immer mehr Geld und mehr Schmuck als alle anderen in der Familie, also brauche ich mir um sie wohl keine Gedanken zu machen. Bud trägt immerhin noch regelmäßig den Abfall hinaus und findet dabei auch immer noch ein kleines Betthupferl. Außerdem verlangt er für seine Hilfe eine Entlohnung, aber zum Glück akzeptiert er statt Geld auch Als alte *Playboys*.

Wenn ich will, daß Al mir bei der Hausarbeit hilft, drohe ich ihm einfach, daß er entweder im Haushalt ran muß oder im Bett. Beim letzten Mal konnte ich daraufhin beobachten, daß er wie ein Verrückter im Badezimmer mit den Fingernägeln den Dreck aus den Fugen kratzte.

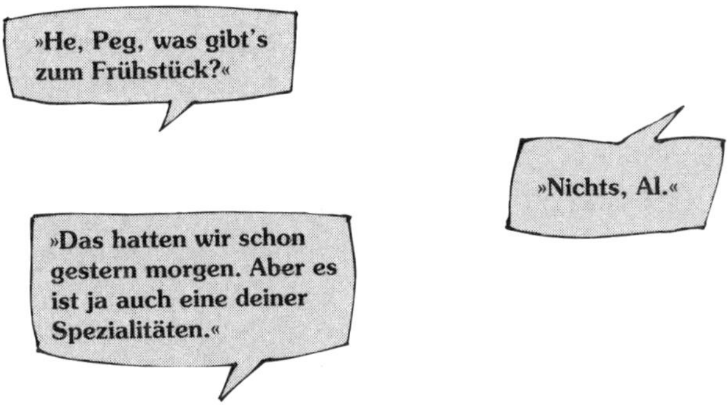

Es ist das große Gebäude mit den ganzen Lebensmitteln drin

Seien wir doch einmal ehrlich. Einkaufen ist wirklich Knochenarbeit. Wie soll man eine Familie mit 26 Dollar 50 die Woche ernähren und es trotzdem schaffen, 25 davon für sich selbst einzusacken? Da ist es doch am besten, man geht überhaupt nicht erst einkaufen. Aber einmal in der Woche muß man ja sowieso zum Supermarkt, um sich das *Goldene Blatt*, die *Cosmopolitan* und die *Bunte* zu holen, und wenn man ohnehin schon da ist, kann man auch gleich noch die eine oder andere Kleinigkeit mitnehmen. Sie dürfen schließlich nicht vergessen, daß Sie selbst ja auch etwas zu beißen haben müssen. Und wenn Sie die folgenden Regeln beachten, wird das Einkaufen zu einer relativ problemlosen Angelegenheit.

Auf keinen Fall sollten sie in Läden durch ihr Geld den Umsatz steigern, in denen man Sie anstehen läßt. Ihre Zeit ist schließlich kostbar. Außerdem verschlingt die Produktion dieser ganzen Fernsehserien und Shows Millionen von Dollar, und das Wenigste, was Sie tun können, ist, sie sich anzuschauen.

Das Fernsehen hilft einem übrigens auch, in Verbraucherfragen auf dem laufenden zu bleiben. Sobald sich zum Beispiel Meryl Streep oder Barbara Rütting das nächste Mal über Pestizide im Honig auslassen, müssen Sie sofort zum Supermarkt düsen. Dann sind nämlich erstens die Schlangen in der Lebensmittelabteilung kürzer und zweitens die Verkäuferinnen netter zu Ihnen. Und außerdem wird das ganze Zeug dann zu einem Spottpreis verschleudert.

Wenn Sie etwas ganz Bestimmtes brauchen, können Sie natürlich nicht einfach so lange herumsitzen und abwarten, bis es verseucht ist. Rufen Sie statt dessen selbst bei der Boulevardpresse an, und schlagen Sie Alarm. Hormone im Rindfleisch? Super! Da kaufe ich immer gleich auf Vorrat – für Al kann das sowieso nur nützlich sein. Lebensmittel aus einem Anbaugebiet in der Nähe eines Atomreaktors (besonders nach einem gerade erst zurückliegenden Störfall), Gepanschtes, Gestrecktes und mit Chemikalien Versetztes, Käse aus nicht konzessionierten Käsereien oder Salmonellenskandale lassen sofort das Herz einer jeden aufgeweckten Hausfrau höher schlagen.

Und nun noch ein echter High-Tech-Tip: Schicken Sie eines Ihrer Kinder mit einem dünnen schwarzen Filzstift und weißem Tipp-Ex in die Fleischwarenabteilung. (Wir schicken immer Bud, weil der noch so aussieht, als könne er kein Wässerchen trüben.) Und schwupps, schon ist aus dem Strichcode für die Porterhousesteaks der für Hühnerklein geworden. Gut, daß der Junge in der Schule den Kunstkurs belegt hat und nicht Physik, wie Al es wollte.

Sich Lebensmittel zu borgen ist natürlich in jedem Fall besser, als selbst welche zu kaufen. Keine wohlerzogene Nachbarin mit einem Mindestmaß an Selbstachtung wird von Ihnen erwarten, daß Sie das Zeug wirklich zurückbringen. Und wenn doch, dann würdigen Sie sie eben fortan keines Blickes mehr.

Sie sollten aber unbedingt immer die folgende Grundregel beachten: Borgen Sie sich nie etwas von irgendwelchen Geizkragen aus, sonst dreht man Ihnen am Ende nur selbst Eingemachtes und selbst Eingekochtes an. Sie, Ihre Familie und Ihr Hund sollten sich mehr wert sein. Und borgen Sie auch grundsätzlich nie anderen Leuten irgend etwas. Damit kann man die besten Freundschaften kaputtmachen.

Und noch ein Hinweis: Sehen Sie zu, daß Sie immer eine Tüte sauer gewordene Milch im Kühlschrank haben, für den Fall, daß doch jemand versuchen sollte, Ihre Gutmütigkeit auszunutzen. Dann bitten Sie die betreffende Person, doch eben die Milch zu halten, damit sie das herausholen können, was er eigentlich haben wollte. Urplötzlich wird sie sich daran erinnern, daß es um die Ecke eine Gyrosbude gibt, die bis ein Uhr geöffnet hat.

> »Also, wenn jemand sich in der Küche zu schaffen machen will, dann sollte ich wohl besser nach oben gehen und mich ein bißchen hinlegen.« – Peg

Die perfekte Küchenausstattung

Als Al und ich uns damals nach einem Haus umgesehen haben, fanden wir nur zwei, die wir uns leisten konnten. Ich wollte das tolle Haus ohne Küche haben, doch als Al sich dann derart dagegen gewehrt und auf dem anderen bestanden hat, war ich natürlich zu Tränen gerührt. Im Geiste sah ich schon üppige Frühstücksbüfetts, leckere Sandwiches zum Lunch und Gourmet-Dinner vor mir. Aber dann fand ich heraus, daß Al gar nicht vorhatte, selbst zu kochen.

Wenn Sie also schon wie ich mit einer Küche gestraft sind, dann können Sie sie auch vernünftig ausstatten. Als erstes brauchen Sie eine anständige Küchenuhr, damit sie wissen, wann Sie den Pizza-Service anrufen und Ihre Bestellung aufgeben müssen.

Zweitens benötigen Sie ein kaputtes Grillgerät, das Sie so anpinseln, daß es wie eine Mikrowelle aussieht, damit keiner merkt, was für ein armer Schlucker Ihr Mann ist.

Und drittens brauchen Sie schließlich noch einen funktionierenden Grilltoaster für Hamburger und Tiefkühlgerichte.

Damit genug der grauen Theorie, meine Damen. Kommen wir nun zur eigentlichen Tragödie.

DIE REZEPTE

»Mom, wir kommen um vor Hunger. Gib uns entweder etwas zu essen oder verkauf uns.« – Bud

Kochen für die Familie: Unser Bundy-Brot gib uns heute

Ich weiß selbst, daß ich mich oft anhöre, als hätte ich nichts anderes als das Thema Nummer eins im Sinn. Aber wie soll man sich als Hausfrau und Mutter noch einen Rest von Selbstachtung bewahren, wenn man sich daneben nicht auch um seine Familie kümmert? Also, was mich betrifft, damit kann ich leben. Sie etwas nicht?

Aber es kann ja schon einmal vorkommen, daß wegen irgendeines Attentats oder einer ähnlichen Sache Ihre Lieblingsserie im Fernsehen verschoben wird, und warum sollten Sie diese paar Minuten dann nicht Ihren Lieben widmen? Jetzt machen Sie sich nicht gleich Sorgen – ich sage ja nicht, daß Sie freiwillig Ihre Zeit vergeuden sollen.

Also schön, gehen wir einmal davon aus, daß Sie nur eine Stunde Zeit haben, bis das *Glücksrad* anfängt. Wie also schaffen Sie es in dieser Zeit, Ihrer Familie ein so gesundes und glückliches Aussehen zu verschaffen, daß Sie damit die paar Mal im Monat ihren zuständigen Sozialarbeiter an der Nase herumführen können, wenn er vorbeikommt? Hier ist die Peg-Bundy-Methode, die ich in jahrelanger Praxis perfektioniert habe.

Ganz wichtig ist eine AUSGEWOGENE ERNÄHRUNG. Darum bringe ich auch grundsätzlich nur Gerichte auf den Tisch, die mindestens aus zwei Zutaten bestehen. Ich weiß, ich weiß – dieses ganze Grünzeug schmeckt einfach gräßlich. Aber in Ihrem Supermarkt finden Sie bestimmt eine Fülle von Obst- und Gemüseprodukten, von denen Ihre Kinder begeistert sein werden, zum Beispiel Zitronenlimo, Kartoffelchips, Popcorn, tiefgefrorene Pommes frites, Tomatenketchup und Müsli-Riegel.

Ballaststoffe sind natürlich auch ganz wichtig, aber die meisten von diesen neumodischen Produkten sind ja geradezu unverschämt teuer. Also machen Sie doch einfach Ihr eigenes Müsli, mit Corn-flakes und ungeschälten Bananenscheiben.

Und wenn Ihre Gören nach einer warmen Getreidekost schreien, dann sagen Sie ihnen, sie sollen gefälligst warten, bis Sie sich ihre Haferschleim-Maske aus dem Gesicht gekratzt haben. Die ist in Sekundenschnelle aufgewärmt, und Sie können Ihren Kindern mit reiner Gesichtshaut und einem reinen Gewissen gegenübertreten.

IMPROVISATION ist das Schlüsselwort für jede gelungene Mahlzeit. Wenn die Kinder Buchstabensuppe wollen, dann schneiden Sie einfach die Nudeln vom Abend zuvor klein und erzählen Sie ihnen, das sei Arabisch. (Echte arabische Buchstabensuppe ist übrigens gar nicht teuer, aber es ist schwierig, sie zu bekommen. Und Al ist ganz verrückt auf diese Kamel-Kraftbrühe.)

Sollte Ihr Mann Ihnen damit drohen, daß er seine Lebensversicherung kündigt, wenn er keine warme Mahlzeit bekommt, dann schieben Sie eben eine offene Dose Thunfisch mit Mayonnaise und etwas Paniermehl in den Backofen. Wenn Gäste da sind, sollten Sie allerdings das Etikett von der Dose lösen.

Und geben Sie grundsätzlich niemals zu, daß Sie nichts zu essen im Haus haben. Kratzen Sie einfach mit einem trockenen Stück Weißbrot den Rest aus einer leeren Dose Wurst, und, voilà, schon haben Sie *Original Schweizer Restis* nach Bundy-Art – ein traditionelles Familienrezept.

Bei FAMILIENFESTEN kommt die Hausfrau und Mutter in mir erst so richtig zum Vorschein. Es erfüllt mich immer wieder mit solchem Stolz, in die strahlenden Gesichter meiner Lieben zu blicken, wenn ihnen klar wird, was für eine Mühe ich mir gemacht habe. Aber in unserer Nachbarschaft gibt es nun einmal keinen Pizza-Blitz, also komme ich um die zwei Kilometer Umweg wohl nicht herum.

Das SCHULBROT ist auch eine ganz wichtige Angelegenheit. Ich versuche immer, Bud und Kelly etwas Nahrhaftes und gleichzeitig Leckeres mitzugeben. Da scheinen ein Dollar auf die Hand und eine Wegbeschreibung zur nächsten Burger-Bude für alle Beteiligten die zufriedenstellendste Lösung zu sein.

Kommen Sie aber um Gottes willen nicht auf zu ausgefallene Ideen. Sobald Sie nämlich Ihrer Familie den kleinen Finger geben, nimmt sie sofort die ganze Hand, und fortan haben Sie keine Minute Ruhe mehr. Dann hören Sie nur noch: »Mom, mach mir Frühstück« und »Mom pack mir ein Sandwich ein« oder »Mom, pack mir meinen Koffer«. Und das einmal pro Monat!

Und es kommt sogar noch schlimmer. Wenn Sie erst Ihren

Kindern regelmäßig etwas zu essen vorsetzen, dann dauert es nicht mehr lange, bevor Sie sich selbst bei der Frage ertappen, wie es in der Schule läuft, und sie zum Arzt schicken, wenn sie krank sind.

Ich würde Ihnen ja wirklich gerne sagen können, daß die folgenden Rezepte echte Lieblingsgerichte der Familie Bundy sind, aber das stimmt natürlich nicht. Sie sind nur echte Lieblingsgerichte von Peg Bundy, die ich normalerweise schon verputzt habe, bevor die anderen nach Hause kommen.

Rauchmeldersteak

Sie wollen wissen, warum ich dieses Gericht Rauchmeldersteak nenne? Ganz einfach: weil ich es so lange brate, bis der Rauchmelder losgeht. Wenn also Ihre Familie nicht weiß, daß Sie kochen – und warum sollte sie das? –, dann wird sie denken, daß das Haus brennt, und Sie können alles allein essen. (Das geschieht denen recht. Warum haben sie auch die Tür abgeschlossen, als sie aus dem Haus gingen?)

Am sichersten ist es allerdings, wenn Sie dieses Gericht im Freien zubereiten.

Planen Sie gut vor, damit Sie auch wirklich erstklassiges Fleisch bekommen. Ich mache das immer folgendermaßen: Zunächst finde ich heraus, in welches Restaurant unsere Nachbarn Steve und Marcie abends zum Essen gehen wollen. Dann rufe ich dort an und bestelle auf ihre Namen zwei Chateaubriands, englisch gebraten. Die beiden sind übrigens Vegetarier. Aber andererseits haben sie auch nicht den Mumm, sich gegen den Kellner durchzusetzen, und bringen deshalb das Fleisch für unseren Hund Buck mit nach Hause.

Leider kann man so etwas nicht allzuoft machen – es klappt nur im Sechswochenrhythmus.

2 Teelöffel Knoblauchsalz
1 Teelöffel schwarzen Pfeffer
2 Teelöffel Senfkörner
1 Teelöffel Cayennepfeffer
½ Teelöffel getrockneten Thymian
1 Teelöffel zerstoßenen Kardamom
1½ Teelöffel zerstoßenen Kümmel
1 großes oder 2 kleine noch ganz rohe Steaks, etwas mehr als 1 kg Rohgewicht

Setzen Sie eine große gußeiserne Bratpfanne (ca. 30 cm Durchmesser) auf die größte Flamme, die Ihr Herd hergibt, und erhitzen Sie sie, bis sie qualmt und der Boden zu glühen anfängt. Mischen Sie auf einem großen Teller alle Zutaten außer dem Steak zusammen. Dann legen Sie das Steak zuerst mit der einen und dann mit der anderen Seite in die Gewürze. Die Würzmischung einreiben und festklopfen, so daß eine gleichmäßige Schicht entsteht. Dann die Steaks vorsichtig in die Pfanne legen, am besten mit einer Rohrzange, und braten, bis die Unterseite schwarz ist. Das Steak umdrehen und so lange braten, bis die andere Seite schwarz ist oder der Rauchmelder losgeht.

Achtung: Es könnte auch sein, daß das Haus wirklich brennt. Sehen Sie besser nach!

Ergibt 2 Portionen (wenn Sie die Sache irgendwie vermasseln)

Ein deftiges warmes Mittagessen

Kinder haben einfach so verdammt wenig Selbstvertrauen. Manchmal verlangen sie die verrücktesten Dinge von einem, nur weil sie einen Beweis wollen, daß man sie wirklich liebhat. Stellen Sie sich vor, letztens bettelten Bud und Kelly doch tatsächlich, daß ich ihnen – jetzt halten Sie sich fest! – *ein nahrhaftes Mittagessen* koche. Also, wer setzt den Kindern heutzutage nur solche fixen Ideen in den Kopf? Hier zu Hause lernen sie das bestimmt nicht!

Was sollte ich da machen? Also habe ich ihnen dieses Gericht hingezaubert und ihnen weisgemacht, es sei ein heißes Truthahnsandwich mit Kartoffelbrei und Sauce. Da es ihr erstes warmes Mittagessen überhaupt war, hätten sie den Unterschied sowieso nie bemerkt.

4 Scheiben Biskuitkuchen, je 1¼ cm dick
½ l Apfelstrudelfüllung aus der Dose oder (von wegen!) selbstgemacht (s. Seite 113)
2 Eßlöffel Vanilleeis
heiße Karamelsauce, gekauft oder selbstgemacht (nächstes Rezept)

Toasten Sie die Kuchenscheiben, bis sie leicht gebräunt sind. Dann nehmen Sie zwei Teller und legen auf jeden eine Scheibe. Die Apfelfüllung drauflöffeln und mit den beiden anderen Scheiben zuklappen, so daß das Ganze aussieht wie zwei Sandwiches. Durchschneiden und mit einem verzierten Zahnstocher garnieren. Einen Löffel Eis dazugeben und mit der Karamelsauce garnieren.

Ergibt 2 Portionen für zwei leichtgläubige Kinder

Selbstgemachte Karamelsauce

Diese Sauce ist so einfach, daß sogar Kelly sie machen könnte. Wenn Sie aber trotzdem glauben, daß Sie für die schwierigen Sachen die Hilfe einer Freundin brauchen, dann nehmen Sie auf jeden Fall eine Diabetikerin, damit sie hinterher nicht mit ihr teilen müssen. Es gibt nichts Schöneres, als sich *Der Preis ist heiß* anzuschauen und dabei eine Tüte Löffelbiskuits zu futtern, die man in selbstgemachte Karamelsauce stippt.

In diese Sauce könnte ich mich wirklich reinsetzen. Sie schmeckt mir auf Kuchen, sie schmeckt mir auf Pudding, sie schmeckt mir auf Armen Rittern, und sie schmeckt mir auf Eiscreme. Außerdem eignet sich ein Schälchen davon auf dem Couchtisch hervorragend als Fliegenfänger, bevor die Biester Al in den Mund fliegen können.

Und wenn Sie Gäste haben, können Sie die Sauce auch hervorragend als Fondue anbieten! Statt Brot oder Rindfleisch reichen Sie einfach Früchte dazu.

¼ Pfund gemahlener brauner Zucker
3 Eßlöffel Butter
1 Prise Salz
⅛ l Maissirup
⅛ l süße Sahne

Schmeißen Sie alles außer der Sahne in eine Kasserolle, und bringen Sie es auf mittlerer Flamme zum Kochen. Sie brauchen nur so lange rühren, bis der Zucker aufgelöst und die Butter geschmolzen ist, danach können Sie eine Zigarette rauchen. Wenn die Sauce zu kochen anfängt, warten Sie noch weitere fünf Minuten ab.

Daß die Sauce fertig ist, erkennen Sie daran, daß sie cremig, dick und schaumig ist, oder daran, daß Sie mit einem Löffel etwas herausholen, in kaltes Wasser werfen und anschließend mit den Fingern zu einer kleinen weichen Kugel formen können. Nehmen Sie nur die Pfanne von der Platte, und rühren Sie die Sahne unter. Sie können die Sauce warm oder kalt servieren. Je mehr sie allerdings abkühlt, desto dickflüssiger wird sie.

Ergibt 3/8 Liter

Hähnchen-Sandwich à la Tschernobyl

Nie erweist Ihre Familie Ihnen ein bißchen Dankbarkeit für all die Mühe, die Sie sich für sie machen. Da bringen Sie für die ganze Bagage eine Mahlzeit auf den Tisch, die nicht mehr als 64 Cent kostet, und müssen sich zum Dank dafür auch noch anhören: »Mom, warum hat das Hühnchen drei Beine?« oder: »Peg, findest du es nicht seltsam, daß auf der Verpackung ›Kombinat Tschernobyl‹ steht?« Also, tut mir wirklich leid, ich muß schließlich auch ein bißchen an unser Sparbuch denken!

Mittlerweile gibt es natürlich in Ihrem Supermarkt gar keine Hähnchen aus Tschernobyl mehr, und das haben wir nur diesen Besserwissern in Washington, Bonn und so weiter zu verdanken. Aber Sie sollten trotzdem nicht die Hoffnung aufgeben. Untersuchen Sie im Supermarkt das abgepackte Fleisch nach kleinen verräterischen Zeichen: einer Flosse, einem Klumpen unidentifizierbaren Gewebes oder einer Operationsschere. Glauben Sie mir, es lohnt sich! Durch eine solche Mahlzeit lernen Ihre Kinder nämlich die doppelte Gefahr der Kernkraft und der häuslichen Mahlzeiten kennen.

3 vorgekochte Hähnchenkeulen
5 Eßlöffel Barbecuesauce
4 Scheiben Roggenbrot
6 Eßlöffel saure Sahne
Schmelzkäse aus dem Angebot

Lösen Sie das Fleisch von den Knochen (wenn Sie keine Hähnchenschenkel gekauft haben, bei denen es von allein abfällt), und schneiden Sie es in mundgerechte Stücke. Bestreichen Sie jedes Stück mit Barbecuesauce, damit Ihre Lieben nicht sehen, wie es strahlt. Dann rösten Sie die Brotscheiben leicht im Toaster und belegen sie mit je einem Viertel des Hühnerfleischs. Darauf geben Sie je 1½ Eßlöffel saure Sahne. Das Ganze vergraben Sie unter einer Schicht Schmelzkäse. Im Grill erhitzen, bis der Käse schmilzt und von der Strahlung schwarze Flecken bekommt.

Ergibt 4 Portionen

Waffelhörnchen-Mahlzeit

Kennen Sie das? Eines Tages haben Sie einfach keine Lust mehr, Ihre Kinder ständig dazu anzuhalten, daß sie das Geschirr spülen. Papierteller sind auch nicht mehr im Haus. Und Ihr Mann hat Stunk gemacht und verbietet Ihnen, weiterhin die Pokalschüsseln aus seiner Fußballerzeit zu benutzen. Na, prima! Und wo nehmen Sie jetzt Teller her? Von den Gabeln ganz zu schweigen, denn wer kann sich heutzutage schon noch Plastikgeschirr leisten?

Also, sagen Sie nicht, daß ich nichts für Sie tun würde. Hier kommt die Original-Peg-Bundy-Lösung für all Ihre Probleme, wenn man einmal von der Tatsache absieht, daß Sie gerade herumsitzen und ein *Kochbuch* lesen.

4 Eßlöffel Butter
2 Eßlöffel und zwei Teelöffel ungesüßtes Kakaopulver
350 Gramm vorgesiebtes Mehl (Sie erwarten doch nicht etwa, daß ich mein Mehl selbst siebe, oder?)
¼ Teelöffel Backpulver
eine Prise Salz
6 Eßlöffel Milch
½ Teelöffel Vanilleextrakt
8 Eßlöffel Zucker
2 große Eigelbe
8 Waffelhörnchen in Napfform (mit abgeflachtem Boden)
8 Ingwerkekse oder irgendwelche anderen Kekse, die bis gut zur Hälfte in das Waffelhörnchen passen
1 Portion Thunfischsalat (s. nächstes Rezept)

Schalten Sie den Fernseher ein. Sobald Ihre Lieblings-Talk-Show anfängt, beginnen Sie, die Zutaten abzumessen. Während die Moderatorin die aktuellen Gerüchte über ihr Sexualleben abstreitet, heizen Sie den Ofen auf 180 °C vor. Während der ersten Werbeunterbrechung zerlassen Sie die Butter. Wenn der Stargast auftritt, mischen Sie den Kakao, das Mehl, das Backpulver und das Salz.

Während des zweiten Werbeblocks haben Sie genügend Zeit, die Milch, die geschmolzene Butter, den Vanilleextrakt, den Zucker und die Eigelbe zu verrühren und die Mehlmischung unter die Milchmischung zu rühren, bis eine cremige Masse entstanden ist.

Sobald dem Stargast die Tränen kommen, setzen Sie die Waffelhörnchen auf ein Backblech. Sobald dann der Talkmeisterin die Tränen kommen, halten Sie einen Löffel Teig genau in der Mitte über das Hörnchen. Schieben Sie den Teig mit dem Finger vom Löffel, so daß er auf den Boden des Hörnchens fällt, ohne die Seiten zu berühren. Das ist nicht immer leicht, und möglicherweise müssen Sie sogar für einen Moment vom Fernseher wegsehen. Geben Sie in jedes Hörnchen etwa 2½ Eßlöffel Teig. Wenn etwas an den Seiten des Hörnchens hängenbleibt, schieben Sie es mit einem nassen Teelöffel nach unten.

Wenn der zweite Stargast auftritt (der den ersten nicht leiden kann), schieben Sie die Napfkuchen in den Ofen. Während die beiden in der Talk-Show sich gegenseitig fertigmachen, backen Sie die Napfküchlein. Passen Sie aber auf, daß sie während dieser Schimpfkanonade nicht anbrennen – sie brauchen nämlich nur etwa eine halbe Stunde. Etwa zu dem Zeitpunkt, wenn jemand aus dem Studiopublikum dem einen Gast empfiehlt, dem anderen einen Fleischspieß ins Herz zu stechen, nehmen Sie einen ebensolchen Fleischspieß zur Hand und stechen ihn in den Teig. Wenn beim Herausziehen kein Teig kleben bleibt, sind die Napfkuchen gar.

Wenn die beiden feststellen, daß alles nur ein Mißverständnis war, und sich wieder versöhnen, lassen Sie die Küchlein abkühlen. Und während des Abspanns schneiden Sie sie oben ab, damit eine flache Oberfläche entsteht. Die abgeschnittenen Spitzen können Sie essen oder mit Schmalz bestreichen und den Kindern weismachen, es seien Doppelkekse.

Kurz vor dem Servieren drücken Sie dann noch die Kekse

in die Waffelhörnchen. Einen Löffel Thunfischsalat darüberhäufen und sofort essen.

Ergibt 8 Napfkuchen

Thunfischsalat

2 Teelöffel Korinthen oder schwarze Rosinen
Rum
1 Dose (185 g) Thunfisch in Öl (wenn Sie es sich leisten können, nehmen Sie den weißen)
4 Eßlöffel feingehackten Sellerie
4 Eßlöffel feingehackte Zwiebeln
2 Eßlöffel Mayonnaise
1 Teelöffel Meerrettich aus dem Glas
1 Eßlöffel Senf aus dem Glas

Schütten Sie die Korinthen in eine kleine Schüssel, und fügen Sie so viel Rum hinzu, daß die Rosinen ganz bedeckt sind. Lassen Sie das Ganze über Nacht ziehen, und tupfen Sie die Korinthen dann trocken. Herrje, was für eine Arbeit, nur um so einem kleinen, verschrumpelten Ding ein bißchen Leben einzuhauchen – aber daran bin ich ja gewöhnt. Den Rum können Sie danach trinken oder zurück in die Flasche kippen.

Schütten Sie das Öl von der Thunfischdose ab, und zerteilen Sie den Thunfisch in einer Schüssel. Den Sellerie und die Zwiebeln hinzufügen. In einer Schüssel die Mayonnaise, den Meerrettich und den Senf glattrühren und dann mit dem Thunfisch vermengen.

Pfann-Pfannkuchen

Ihr Mann und Ihre Kinder müssen eine Meise haben, wenn sie von Ihnen erwarten, daß Sie wie ein verrückt gewordener Würstchen-Heini vor dem heißen Herd stehen und einen Pfannkuchen nach dem anderen wenden. Gießen Sie einfach den Teig in eine Pfanne, und schieben Sie sie in den Ofen. Dann schnappen Sie sich die *Bunte* und gucken nach, wem Cher diese Woche wieder den Laufpaß gegeben hat.

Ich vermute, Sie fragen sich jetzt, wo zum Teufel Sie *zwei* Pfannen hernehmen sollen. Kein Problem! Gehen Sie einfach zu Ihrem Nachbarn, und erzählen Sie, Sie würden Alteisen sammeln, weil Sie Geld brauchen, um Ihren Mann sterilisieren zu lassen. Diese Vorstadttypen sind doch ganz verrückt auf alle Arten von Recycling – die kann man beklauen, wenn sie danebenstehen. Und wenn Sie noch die Ozonschicht ins Gespräch bringen, dann bieten Sie Ihnen am Ende sogar noch Car-sharing an.

350 g gesiebtes Mehl
1½ Teelöffel Zimtpulver
1 Teelöffel Muskat
¼ Teelöffel Salz
6 große Eier
⅜ l Milch
6 Eßlöffel Butterflöckchen
Zucker
aufgetaute Tiefkühlerdbeeren mitsamt dem Saft

Heizen Sie den Ofen auf 200 °C vor, und schieben Sie zwei ofenfeste, am besten gußeiserne Pfannen hinein. Vermischen Sie in einer Schüssel Mehl, Zimt, Muskat und Salz.

Dann verrühren Sie die Eier und die Milch, bis die Eigelbe zerplatzen, und schütten es in die Schüssel. Verrühren Sie alles mit einer Gabel, aber nur so lange, bis keine weißen Klümpchen mehr zu sehen sind. Das Tolle an einer Gabel ist, daß man damit einen Teig unmöglich zu glatt rühren kann, selbst wenn man verrückt genug wäre, es zu versuchen.

Geben Sie je die Hälfte der Butter in die beiden Pfannen, dann rütteln Sie ein bißchen an den Pfannen herum, bis die Butter den gesamten Boden bedeckt. Gießen Sie je die Hälfte des Teigs in die Pfannen, und schieben Sie sie zurück in den Ofen. 20 Minuten backen, bis die Pfannkuchen aufgebläht, goldgelb und am Rand dunkelbraun sind und ungefähr aussehen wie zwei riesige Pilze von einem anderen Planeten.

Holen Sie die Pfannen aus dem Ofen, und bringen Sie sie auf den Tisch. Bestreuen Sie die Pfannkuchen mit dem Zucker, schneiden Sie sie in der Hälfte durch, und setzen Sie sie dann Ihrer Familie vor. Nehmen Sie dazu kleine Teller, dann sehen die Portionen größer aus. Sollten die Kinder früh genug aus den Federn gekommen sein und die Obstbäume in Nachbars Garten Früchte tragen, können Sie geklautes Frischobst in Scheiben schneiden und die Pfannkuchen damit belegen. Ansonsten müssen Sie sich mit den tiefgefrorenen Erdbeeren begnügen.

Ergibt 4 Portionen

Gefüllte Hascheepaprika

Al haßt grünen Paprika wie die Pest, und deshalb bemühe ich mich, ihn mindestens einmal pro Woche auf den Tisch zu bringen. Meine Freundin Marcy hat erzählt, daß man ihr ein-

mal in einem piekfeinen Restaurant in New York ein Haschee serviert hat, aber da muß sie schon einen Harvey Wallerberger zuviel intus gehabt haben. Seien wir doch mal ehrlich: Haschee sieht aus wie Schweinefraß. Ich weiß schon, jetzt werden Sie mich vermutlich fragen wollen, warum ich mir die Mühe mache, die Hackfleischsauce selbst zu machen. Dafür gibt es einen sehr einfachen Grund. Eines Tages hat mich plötzlich der Wahnsinn befallen, und als ich wieder zur Besinnung kam – schwupps, war sie fertig.

2½ Dosen (je 1 Pfund) fertiges Rindfleischhaschee oder selbstgemachtes Haschee (s. nächstes Rezept)
Wenn Sie Haschee aus der Dose benutzen:
3 Eßlöffel Worcestersauce
2 Eßlöffel süße Sahne
1 Eßlöffel ungesalzene Butter
ein Spritzer Tabasco
4 grüne Paprikaschoten, längs halbiert
1 Handvoll Kartoffelchips oder Maischips
1 große Dose Tomatensauce

Heizen Sie den Ofen auf 180 °C vor. Schneiden Sie die Stengel von den Paprikaschoten, halbieren Sie sie, und entfernen Sie aus der Mitte die Kerne und das ganze weiße Zeug. Richten Sie diesen Kram in einer Schüssel an, und erzählen Sie Ihrer Familie, das sei Salat.

Stellen Sie einen großen Topf mit Wasser auf die Herdplatte, und schalten Sie den Herd an. Wenn Sie unbedingt Gräfin Schönfeld spielen wollen, dann machen Sie das Haschee selbst, ansonsten nehmen Sie welches aus der Dose und verrühren es in einer großen flachen Auflaufform. Dann schieben Sie das Haschee in den Ofen und schmoren es 25 Minuten.

Falls Sie vorhaben, selbst etwas davon zu essen, sollten Sie es nach 15 Minuten noch einmal gut durchrühren.

Während Ihr Haschee schmort, geben Sie die Paprikahälften in kochendes Wasser. Wenn dabei Wasser herausspritzt, könnten Sie sich verbrennen, also lassen Sie das lieber eines Ihrer Kinder machen. Die Paprikahälften 5 Minuten kochen und dann mit der Schnittseite nach unten auf Küchenpapier abtropfen lassen. Wenn Sie die Paprikaschoten aus dem Topf holen, könnten Sie sich wieder verbrennen, also lassen Sie auch das eines Ihrer Kinder machen. Es kann aber sein, daß Sie diesmal ein anderes Kind nehmen müssen.

Füllen Sie die Chips in eine verschließbare Plastiktüte, und legen Sie sie kurz vor den Sportnachrichten unter die Couchkissen. Wenn dann die Wettervorhersage kommt und Al eindöst, können Sie sie wieder hervorholen. Im Notfall können Sie die Chips natürlich auch zerkleinern, indem sie mehrmals mit der Faust auf die Tüte hauen, aber dann haben Sie nicht kapiert, worauf ich eben hinauswollte.

Den Ofen brauchen Sie gar nicht erst abzustellen, wenn Sie das Haschee herausholen. Füllen Sie das Haschee in die Paprikahälften, und drücken Sie eine Deckschicht Chips hinein. Dann stellen Sie die Paprikaschoten in eine Auflaufform. Sie sollte groß genug sein, daß alle vier nebeneinander passen, aber berühren dürfen sie sich ruhig. Gießen Sie die Tomatensauce etwa 2 cm hoch zwischen die Paprikahälften, und garen Sie die Paprika für 15 Minuten im noch heißen Ofen.

Ergibt 4 Portionen

Selbstgemachtes Rindfleischhaschee

Sie müssen dieses Haschee nicht unbedingt in die Paprikas stopfen. Sie können es sich auch einfach in den Mund stopfen. Schmoren Sie es einfach nur für 25 Minuten im Backofen. Nach der Hälfte der Zeit sollten Sie einmal kräftig durchrühren, damit mehr Kruste entsteht und das Haschee knuspriger wird.

1 1/4 Pfund vorgekochtes Rinderhack
2 große, feingehackte Zwiebeln
1 knappes Pfund gekochte, in kleine Würfel geschnittene Kartoffeln
2 Eßlöffel zerlassene Butter
2 feingehackte Knoblauchzehen (Sie können auch einfach mit einem Hammer draufschlagen)
2 Teelöffel süße Sahne
2 Teelöffel Worcestersauce
ein paar Spritzer Tabasco

Einfach alles in eine große, flache Auflaufform schmeißen.

Salatreste-Suppe

Bei uns zu Hause ist jeder Salat von Anfang an ein Restesalat – wer ißt dieses ekelhafte Grünzeug denn schon? Wenn Ihre Familie Gemüse so wenig mag, wie sie sollte, dann erklären Sie ihr einfach, daß es entweder den Salat gibt oder Blumenkohl. Wenn die Bande Sie dann wirklich wütend macht, gibt es eben Salat *und* Blumenkohl.

Diese Suppe sollten Sie oft wie möglich auf den Tisch bringen. Sie ist gut für Ihre Familie und gut für Sie selbst, denn niemand wird es bemerken, wenn Sie keine sauberen Schüsseln benutzen.

6 Scheiben durchwachsenen Speck
2 grob gehackte Schalotten
1 sehr große, grob gewürfelte Kartoffel
½ l Hühnerbrühe
ca. ½ Pfund (kann auch mehr sein) angemachten Kopfsalat

Schneiden Sie den Speck mit einer Schere in kleine Stücke. Ich nehme dafür übrigens immer Als Nasenhaarschere, und am nächsten Tag wundert er sich jedesmal, wie leicht sie ins Nasenloch rutscht. Natürlich besteht dabei immer das Risiko, daß er eines Tages einmal bis zum Gehirn durchstößt, aber den Unterschied würde sowieso keiner bemerken. Erhitzen Sie den Speck in einem großen Kochtopf auf mittlerer Flamme, bis die Speckstückchen sich zu ringeln beginnen.

Nun schalten Sie die Hitze herab, fügen die Schalotten hinzu und lassen sie etwa 10 Minuten mitschmoren. Hier und da sollten Sie umrühren. Dann geben Sie die Kartoffel und die Hühnerbrühe hinzu. Rühren Sie noch einmal um, und bringen Sie das Ganze auf großer Flamme zum Kochen. Benutzen Sie lieber keinen Deckel, sonst kocht dieses ekelhafte schaumige Zeug über, und Sie müssen am Ende auch noch den Herd saubermachen.

Schalten Sie auf die kleinste Flamme, und lassen Sie das Ganze zehn bis fünfzehn Minuten garen, je nach der Größe Ihrer Kartoffelwürfel. Mit einer Gabel prüfen Sie, ob die Kartoffeln gar sind. Dann schütten Sie den Salat dazu und rühren gut um (mir ist noch nie aufgefallen, wieviel man bei diesem verdammten Rezept rühren muß. Das mache ich *nie wieder!)*, und lassen die Suppe noch weitere zehn Minuten dünsten, bis das Grünzeug gar ist. Falls Sie die Suppe dicker haben wollen, schütten Sie die Hälfte davon in einen Feinzerkleinerer und pürieren sie, bis eine breiige Masse daraus geworden ist. Dann schütten Sie sie zurück in den Topf.

Wenn Sie einen echten Kochfimmel haben, können Sie noch das Fett von der Oberfläche abschöpfen. Es läßt sich später als Handcreme benutzen oder als Gleitmittel.

Ergibt 4 Portionen

Pegs gebügeltes Käse-Sandwich

Sollten Sie kein Bügeleisen besitzen (herzlichen Glückwunsch!), dann können Sie auch mit dem Wagen Ihres Mannes über das Sandwich fahren. Wenn die Reifen so wenig Profil haben wie er selbst, dann klappt das sehr gut. Aber in diesem Fall müssen Sie teure Alufolie (für Dämmzwecke) über das Sandwich legen. Wenn Sie ein paar mehr Proteine in Ihrem Sandwich haben wollen, legen Sie es für kurze Zeit in einen Ameisenhaufen. Wenn Ihr Timing richtig ist, bekommen Sie ein Maximum an Ameisen bei einem Minimum an Käseverlust. (Übrigens: Wenn Sie Ihr Sandwich mit einem netten Waffelmuster dekorieren wollen, nehmen Sie Winterreifen.)

2 Scheiben pappiges Weißbrot
Butter
Käse

Wenn Ihr Bügeleisen keine Temperatureinstellung für *Käse* hat, wählen Sie *Leinen.* Legen Sie eine Scheibe Brot zwischen zwei Stück Alufolie, und rollen Sie es mit einem Nudelholz so flach wie möglich. Mit dem zweiten Stück verfahren Sie ebenso.

Streichen Sie Butter auf beide Brotseiten. Dann schneiden Sie gerade eben so viel Käse ab, daß das Ganze noch als Sandwich durchgehen kann, und legen ihn zwischen die Brotscheiben. Legen Sie das Sandwich wieder zwischen die Alufolie, und bügeln Sie etwa eine Minute, also jede Seite ca. 30 Sekunden. Schauen Sie zwischendurch einmal nach, ob das Brot nicht schon angebrannt ist. Wenn Sie sichergehen wollen, daß man mit Ihrem Bügeleisen nie wieder Kleider bügeln kann, lassen Sie die Alufolie einfach weg. Folie abziehen und servieren.

Ergibt 1 Portion

Dosenkasserolle

Wahre Campingfreuden lernt man meistens erst dann schätzen, wenn die Bank einen aus seinem Haus wirft. Ich meine damit nicht etwa den Palast, in dem wir jetzt wohnen, sondern die Zeit, als Al und ich gerade geheiratet hatten und er den Football-Vertrag von den *Bears* ablehnte und statt dessen die Schuhverkäufer-Umschulung besuchte. Es blieben uns nur zwei Möglichkeiten: Entweder suchte ich mir einen Job, oder wir würden auf der Straße sitzen.

Nun ja, das Leben auf der Straße ist gar nicht so übel, wenn man weiß, wie man auf einem Mülleimer-Feuer kocht. Auf dem Grundstück, auf dem wir damals kampierten, wohnen wir auch heute noch, weil die Nachbarn sich schließlich bereit erklärten, um uns herum ein Haus zu bauen, damit sie unseren Anblick nicht mehr ertragen mußten. Und jeden Sommer, wenn es wegen Als Füßen unmöglich ist, die Nacht im Haus zu verbringen, leben wir wieder draußen wie damals in jener glücklichen und sorglosen Zeit.

Was man beim Campen am meisten haßt, ist der Abwasch. Na schön, eigentlich haßt man es noch mehr, wenn man einmal muß, aber das läßt sich nun einmal nicht vermeiden. Für dieses Rezept brauchen Sie weder Töpfe oder Pfannen, noch Teller. Alles, was Sie brauchen, sind vier große Kaffeedosen, von denen Sie das Papier entfernt haben.

4 Eßlöffel Olivenöl oder geschmacksneutrales Pflanzenöl
4 mittelgroße, in ziemlich dünne Scheiben geschnittene Kartoffeln
Salz und Pfeffer nach Belieben
½ Pfund grob geschnittenen Kohl
3–4 grob gehackte Zwiebeln
2 große rote Peperoni, entkernt und grob gehackt
2 große oder 4 kleine Salatgurken, geschält und in dünne Scheiben geschnitten
1 Pfund Hackfleisch vom Rind (oder von irgendeinem anderen Tier, was sich nicht rechtzeitig aus dem Staub macht)

Zunächst zünden Sie in Ihrem Grill ein paar Kohlen an. Dann streichen Sie die Dosen mit dem Öl aus. Schichten Sie die Hälfte der Kartoffeln in die vier Dosen, und würzen Sie mit Salz und Pfeffer. Vermengen Sie den Kohl, die Zwiebeln und die Peperoni, und würzen Sie wiederum mit Salz und Pfeffer. Stopfen

Sie dieses Zeug auf die Kartoffeln und darüber das Fleisch, das Sie ebenfalls mit Salz und Pfeffer würzen. Legen Sie die verbliebenen Kartoffeln und schließlich die Gurken in die Dose, und streuen Sie nochmals ein wenig Salz und Pfeffer darüber. Verschließen Sie die Dosen mit Alufolie, und schneiden Sie mit dem Messer drei Schlitze hinein, so daß der Dampf abziehen kann.

Wenn die Kohlen glühen, müssen Sie sie in der Grillwanne verteilen. Stellen Sie die Dosen auf die Kohlen und häufen Sie die restlichen Kohlen darum herum. Kochzeit: 30 Minuten. Servieren Sie das Gericht in den Dosen oder, falls Sie den Papst zu Besuch haben, auf Papptellern.

Ergibt 4 Riesenportionen

Schwein-unter-Brot-Kasserolle

Stellen Sie sich vor, wir hätten Weihnachten. Haben Sie noch nie vor einem fetten Weihnachtsessen gesessen und sich gewünscht, Sie müßten den Truthahn nicht essen? Haben Sie sich noch nie gewünscht., Sie könnten sich statt dessen nur mit der Füllung vollstopfen? Sicher, das kennen wir doch alle. Und genau *so* schmeckt dieses Gericht – ein bißchen Schwein und viel Füllung. Ganz viel Füllung! Mmmh! Sie kennen mich ja, ich bin keine Angeberin. Aber ich glaube, das ist die beste Schwein-unter-Brot-Kasserolle, die ich je gegessen habe. Ehrenwort!

Welches Brot Sie nehmen, ist egal, auch wenn es schon uralt ist. Sehen Sie aber zu, daß Sie Käse nehmen, der Eigengeschmack hat, und nicht irgendwelchen, den man von den Papierlagen nicht unterscheiden kann.

5 oder 6 Scheiben Brot
1½ Pfund Schweinemett
eventuell Pflanzenfett
350 g gemischten, geriebenen oder feingewürfelten Käse
5 große Eier
¼ l Milch
½ Teelöffel Salz
¼ Teelöffel Pfeffer
1 Eßlöffel Senf

Heizen Sie den Ofen auf 180 °C vor. Braten Sie das Schweinemett an, bis es knusprig braun ist. Falls es am Pfannenboden anbrät, geben Sie etwas Öl dazu. Während das Mett brät, streichen Sie eine mittelgroße Auflaufform mit Butter aus, und drükken Sie das Brot hinein, so daß es eine gleichmäßige Schicht ergibt. Mit einem Pfannenheber schaufeln Sie das gebratene Fleisch direkt von der Pfanne in die Auflaufform. Vermischen Sie die verschiedenen Käsesorten, und verteilen Sie die Hälfte davon über dem Mett. Verrühren Sie die Eier und die Milch mit Salz, Pfeffer und Senf, bis eine cremige Masse entstanden ist, die Sie dann in die Auflaufform schütten. Darüber verteilen Sie den Rest des Käses.

Etwa 30 Minuten backen, bis die Oberfläche Blasen wirft und goldbraun aussieht wie eine Quiche. Lassen Sie sie aber bloß niemanden sehen, solange sie aussieht wie ein Quiche. Warten Sie noch ein oder zwei Minuten, bis alles zusammengefallen ist (das muß so sein). Ab jetzt kann Ihnen nichts mehr passieren. In Stücke schneiden und heiß servieren.

Ergibt 6 Portionen

Geschmorte Kalbskoteletts

Manchmal muß man sich für seine Lieben auch mal ein Bein ausreißen. Fragen Sie mich nicht wann, aber manchmal eben.

1 Eßlöffel Butter
2 Eßlöffel Olivenöl aus erster Pressung
2 wirklich gute Kalbskoteletts, etwa 1 cm dick
2 feingehackte Lauchstangen (nur das Weiße und Hellgrüne)
2 Knoblauchzehen
Salz und Pfeffer
¼ Teelöffel feingewiegter frischer oder getrockneter Estragon
1 Teelöffel feingewiegter frischer oder getrockneter Thymian
5 cl 1985er Corton-Charlemagne oder ein anderer hervorragender weißer Burgunder
1½ Eßlöffel alter Weinessig wie Balsamico, Sherry- oder Rotweinessig
selbstgekochte Hühnerbrühe

Zerlassen Sie die Butter in einer mittelgroßen Pfanne auf mittlerer Flamme, und braten Sie schließlich die Kalbskoteletts auf jeder Seite etwa vier Minuten an. Nach etwa zwei Minuten fügen Sie den Lauch und den Knoblauch hinzu und braten weiter, bis die Rückseite der Koteletts gebräunt ist. Wenn der Knoblauch zu bräunen beginnt, schalten Sie auf kleinere Flamme. Wenn er verbrennt, werfen Sie ihn raus und fangen von vorne an. Das hier muß perfekt klappen. Streuen Sie Salz, Pfeffer, Estragon und Thymian in die Pfanne. Danach gießen Sie den Wein und so viel Essig auf, daß die Flüssigkeit etwa bis an die Hälfte der Kotelettseiten reicht. Bringen Sie die Flüssigkeit zum Kochen, und schalten Sie anschließend auf kleinere Flamme. Bei zugedeckter Pfanne zehn Minuten schmoren. Wenn etwas anbrennt, schmeißen Sie alles aus der Pfanne, und fangen Sie von vorne an.

Nehmen Sie die Koteletts aus der Pfanne, und legen Sie sie auf eine vorgewärmte Platte. Bedecken Sie sie mit Alufolie, damit sie warm bleiben und nicht austrocknen. Wenn sie austrocknen, werfen Sie sie weg und beginnen von neuem. Schalten Sie auf größere Flamme, und lassen Sie die Flüssigkeit in der Pfanne einkochen, bis nur noch eine dünne Schicht den Pfannenboden bedeckt. Gießen Sie diese Sauce über die Koteletts. Legen Sie ein Kotelett auf Ihren Teller und eins in den Hundenapf.

Ergibt eine Portion für Sie und eine für Ihren Hund

Als Bud mitbekommen hat, daß ich dieses Buch schreibe – er hat mich erwischt, als ich gerade ein Ei rührte –, da wollte er mir dabei helfen. Ich habe ihm sofort angeboten, er könne das Ding allein schreiben, aber daraufhin hat er das halbe Honorar verlangt. Also haben wir uns auf einen Kompromiß geeinigt. Er versprach, ein Rezept beizusteuern, und ich versprach, es nicht zu kochen.

Aufreißer-Kuchen à la Bud

Hier ist Bud Bundy mit einer gastronomischen Köstlichkeit, die garantiert jede Frau in Stimmung bringt. Schon nach dem ersten Bissen wird sie nur noch Wachs in euren Händen sein – oder umgekehrt, wenn ihr Glück habt. Dieses Gericht ist echt gut, mindestens so gut wie Kelly, wenn man dem Glauben schenken kann, was immer auf den Klowänden steht. Und es kostet auch ungefähr dasselbe.

1 Mürbeteigboden
120 g wirklich erstklassige Bitterschokolade
1 großes Ei und 1 Eigelb
1 Eßlöffel Nescafé
2 Eßlöffel Orangenlikör
2 Eßlöffel Zucker
½ Teelöffel Vanilleextrakt

6 Eßlöffel süße Sahne
500 ccm hervorragende Eiscreme, zum Beispiel Mokka, Praliné oder Trüffel
1 Dose Fertig-Sprühsahne
1–2 Eßlöffel Kakaopulver
1 Maraschino-Kirsche (ohne Stengel), ganz trocken getupft

Nehmt den Mürbeteigboden aus der schäbigen Supermarktverpackung und legt ihn auf eine schicke Kuchenplatte, damit es so aussieht, als hättet ihr euch wirklich einen Haufen Arbeit gemacht. Und wenn ihr eurem Dad sagt, daß eure Mutter tatsächlich vorhat, einmal etwas zu backen, dann läßt er vielleicht das Geld für einen richtig teuren Boden springen. Wenn der Boden kaputtgeht, ist das halb so schlimm. Legt einfach die Einzelteile wieder richtig zusammen, die Füllung wird sie dann später schon zusammenkleben.

Laßt die Schokolade schmelzen und stellt sie irgendwo weit weg, damit ihr nicht plötzlich mit einem braunverschmierten Gesicht wieder zu Bewußtsein kommt und euch nur noch vage daran erinnern könnt, wie eine hohe Stimme geschrien hat: »Ich will deine Zunge!«

Wenn ihr einen reichen Vater habt, könnt ihr zum Mixen der Schokoladenmischung eine Küchenmaschine benutzen. Ich als Bundy nehme dafür einen Mixer. Einen ziemlich alten. Verrührt das Ei, das Eigelb, den Kaffee und den Likör. Dann schüttet ihr den Zucker hinein und orgelt noch schneller weiter, bis die Mischung so schaumig und leicht ist wie ein Unterrock aus Krinoline. Dann gebt die Vanille hinzu und rührt noch einmal um. Jetzt kommt die Schokolade hinein. Und da müßt ihr kräftig mixen, schnell und hart, sonst könntet es passieren, daß ihr euch mit kleinen Klümpchen blamiert. Haut den Mixer auf den Tisch, damit er es ein letztes Mal angeht, und dann kratzt ihr mit dem immer wieder nützlichen Gummispachtel noch den Rest Schokolade aus der Schüssel. Wenn die Mischung so leicht und flockig ist wie ich, stellt ihr sie erst einmal zur Seite.

Zum Sahneschlagen könntet ihr auch den Elektromixer nehmen, aber wenn ihr genügend Muckis habt, tut es auch ein Handmixer. Die Sahne ist richtig, wenn sie beim Herausziehen des Mixers nicht wieder in sich zusammenfällt. Schüttet die Hälfte der Schokomischung mitten in die Sahne und hebt dann mit einem Spachtel die Sahne vom Schüsselboden nach oben und unter die Schokolade. Bei jedem Schlag dreht ihr die Schüssel ein bißchen, damit die Sahne nicht in sich zusammenfällt. Wenn kaum noch Schokoladenfäden zu sehen sind, könnt ihr aufhören. Danach hebt ihr die übrige Schokolade unter. Die Mischung stimmt, wenn sie gleichmäßig braun und cremig aussieht, gerade richtig, um alle Frauen wild zu machen. Jetzt gebt ihr alles auf den Mürbeteigboden. Danach müßt ihr erst einmal so viel Eis aus dem Tiefkühlfach kratzen, daß der Kuchen darin Platz hat. Stellt ihn kühl, bis er steif ist. So was dauert mindestens drei Stunden.

Etwa eine Stunde bevor die Schokoladenfüllung steif ist, holt ihr die Eiscreme aus dem Tiefkühlfach und versteckt sie an einem Ort, wo niemand sie findet, zum Beispiel hinter Kellys Geschichtsbuch. Sonst ist die Eiscreme nämlich auch bald nur noch Geschichte. Nach einer Stunde schüttet ihr das Flüssige der Eiscreme auf den Tortenboden und rührt mit einem Holzlöffel den Rest so lange, bis sie so weich ist, daß ihr sie auf den Kuchen streichen könnt. Die Oberfläche glättet ihr mit dem Löffel, mit einem Gummispachtel oder mit der Zunge. Danach den Kuchen wieder einfrieren, bis die Eiscreme fest ist. Das dauert mindestens zwei Stunden.

Und jetzt kommt im wahrsten Sinne des Wortes die Krönung. Mit einer kreisenden Bewegung sprüht ihr eure Fertig-

Sprühsahne auf den Kuchen. Je weiter ihr nach innen kommt, desto höher macht ihr die Kreise, bis ihr einen wunderhübschen und beeindruckenden Hügel fabriziert habt. Wenn ihr Lust habt, könnt ihr auch noch etwas Kakaopulver darübersieben. In die Mitte kommt als Schlußstein eine sorgsam ausgesuchte Kirsche. Das Ganze stellt ihr noch einmal ins Tiefkühlfach, und zwar für weitere Stunden oder aber so lange, bis die Frau eurer Träume gekommen ist. Wenn ihr aber keinen schlechten Eindruck machen wollt, dann solltet ihr erst versuchen, den Kuchen anzuschneiden, wenn euer Messer heiß ist, wenn ihr versteht, was ich meine.

Für 8 Leute oder ein müdes, aber glückliches Pärchen

> **»Wie bitte? Besuch? Wer wäre denn so verrückt, hierherzukommen?« – Al**

Die Gäääste sind da!

Ich bin immer ganz begeistert, wenn ich Besuch bekomme, weil es Al dann jedesmal so dreckig geht. Es gibt doch nichts Besseres, als eine Herde verbitterter, fettleibiger Weiber, die Kuchen in sich hineinschaufeln und Gift verspritzen. Dann merkt Al erst wieder, wie glücklich er sich schätzen kann, daß er nur eine Frau zu Hause hat, die ihn ins Grab bringt.

Es gibt zwei Sorten Gäste: solche, die einen besuchen kommen und etwas zu essen mitbringen, und solche, die einen besuchen kommen und etwas zu essen wollen. Es versteht sich von selbst, daß die zweite Sorte nie wieder eingeladen wird. Aber selbst den aufmerksamsten Gästen kann es schon einmal passieren, daß sie nicht *alles* mitbringen, was man braucht. Und in solchen Fällen hilft es schon, wenn man etwas kochen kann – irgend etwas, ganz gleich, wie gräßlich es schmeckt.

Aber reden wir nicht mehr über das Essen, davon kommt

später noch genug. Konzentrieren wir uns zunächst auf das Wichtigste bei einer Einladung zum Abendessen: die Getränke. Die Gäste erwarten von Ihnen zum Beispiel ein erstklassiges Bier und nicht das Gebräu, was sie selbst zu Hause trinken. Also müssen Sie ausnahmsweise wirklich einmal die gute Sorte kaufen. Aber auch wirklich nur einmal, danach können Sie nämlich die Dosen immer wieder benutzen.

Ihre minderjährige Tochter eignet sich bestimmt hervorragend, dieses »Pffft«-Geräusch nachzumachen, wenn sie Ihren Gästen eine neue *Michelob*-Dose aufmacht, in die Sie vorher Ihr übliches Schädelbräu gefüllt haben. Und auf den Mund der Kleinen werden die Gäste am wenigsten achten, wenn sie sich vorbeugt und ihnen das Bier reicht. Aber ganz gleich, wieviel Bier Sie kredenzen, irgendeiner ist immer dabei, der irgendwann fragt, wo das Essen bleibt. Und hier kommt es!

Verschiedene Canapés

Für eine Dinnerparty gibt es nichts Besseres als kleine Häppchen. Ihre Gäste merken daran, daß Sie nicht spießig sind und wollen, daß alle sich wohl fühlen. Und Ihr Teppich ist ohnehin ein derartiges Wrack, daß es doch schnurzegal ist, ob jemand etwas darauf fallen läßt.

Canapés sind eigentlich gar keine Luxusartikel, ebensowenig wie Deodorant, obwohl Al es immer noch dafür hält. Erinnern Sie sich noch an diesen Klumpen undefinierbaren Schinkenfleischs, der schon seit Wochen in Ihrem Kühlschrank vor sich hin modert? Den schneiden Sie jetzt einfach auf, werfen ihn auf ein paar Scheiben Brot, die sie in hübsche Formen schneiden, und schon machen Sie Eindruck wie das Maggi-Kochstudio. Ist doch ganz gleichgültig, wenn Ihre Gäste den Hund damit füttern. Hauptsache, man sieht, daß Sie sich Mühe gegeben haben. Das Auge ißt schließlich mit. Und sollten Ihre Gäste doch ein Canapé essen und sofort danach einen nicht zu unterdrükkenden Brechreiz empfinden – um so besser. Sie haben ja sowieso nicht genug für alle gemacht.

Hier finden Sie nun ein paar besondere Canapés.

Gurkenschiffchen. Schneiden Sie in die flache Seite einer längs halbierten Gewürzgurke einen Schlitz. Dann schneiden Sie ein Stück Salami zurecht, daß es wie ein Segel aussieht, und schieben es in den Schlitz. Das Segel dekorieren Sie mit Frischkäse.

Zauberwald. Einfach ein Stück Sellerie mit Frischkäse füllen kann jeder, aber Sie haben mehr drauf. Füllen Sie die Selleriestücke, dann fügen Sie je zwei zusammen, stellen Sie aufrecht, und schon haben Sie einen Baum. Und wenn Sie wollen, daß Ihren Gästen vor Begeisterung der Atem stockt, dann basteln Sie doch eine ganze Landschaft zusammen. Gurkenboote segeln auf einem See voller Dip herum, der von Brokkoli-Büschen umgeben ist, zwischen denen Kräcker in Tiergestalt stehen. An den Rand des Sees setzen Sie einen Salatgurken-Alligator, der einen der Tierkräcker im Maul hat.

Würstchen im Schlafrock. Wenn Sie es wirklich übertreiben wollen, können Sie auch kleine Cocktailwürstchen im Blätterteig-Schlafrock machen. Einfach 30 Stück mit aufgetautem Tiefkühl-Blätterteig umwickeln, im Ofen ausbacken und mit Zahnstochern in einen Kohlkopf stechen.

Wackelpudding-Streifen. Füllen Sie Wackelpudding in eine quadratische Form, und schneiden Sie ihn nach dem Abkühlen in rechteckige Stücke. Je mehr Farben, desto besser.

»Schlußverkauf in der Tierhandlung«. Bedecken Sie einige Toastscheiben mit dünnen Käsescheiben, und stechen Sie mit Plätzchenförmchen Menschen- oder Tierformen oder von mir aus auch genaue Repliken internationaler Zahlungsmittel aus. Dann schieben Sie sie unter den Grill. Sie können auch dickere Käsestücke ausschneiden und ins Badezimmer legen, damit Ihre Freunde denken, Sie könnten sich Gästeseife leisten.

»Frühgeburt«-Früchtebecher. Geben Sie Eiscreme, Nüsse und Schokoladencreme auf kleine Kuchenstücke. Sind die nicht süß?

Rohgemüse. Genau das, was Sie sich darunter vorstellen.

»Stuck on You's«

Dieses Gericht bezeichne ich immer gerne als meine Huldigung vor dem König, oder besser gesagt, vor dem King. Denn nichts mochte er lieber als ein Sandwich mit Erdnußbutter, Speck und Bananen. Und tief in meinem Herzen weiß ich, daß er das alles noch lieber auf Kartoffelchips gemocht hätte, wäre ich nur rechtzeitig bei ihm gewesen.

4 Scheiben Speck
1 mittelgroße geschälte Banane, in 14 Scheiben geschnitten
12 mittelgroße Kartoffelchips, so flach wie möglich
cremige Erdnußbutter

Braten Sie den Speck aus, bis er knusprig ist. Danach trocknen

Sie ihn gut auf Küchenpapier. Die zwei Endstücke der Banane essen Sie auf. Bedecken Sie jeden Kartoffelchip vorsichtig mit einer dünnen Schicht Erdnußbutter. Danach krümeln sie auf jeden Chip etwa ⅓ Speckscheibe. Sie könnten auch die Erdnußbutter auf den Schinken streichen, aber Elvis hätte es nicht so gewollt. Zuletzt legen Sie auf jeden Chip noch eine Bananenscheibe.

Diese Canapés können Sie bis zu einer Stunde im voraus machen. Wenn Sie sie nicht sofort servieren, sollten Sie allerdings die Bananenscheiben mit Zitronensaft beträufeln, damit sie nicht braun werden.

Ergibt 12 Canapés

Früchtchen-Tee

Manchmal ist ein Rezept so gut, daß man es einfach nach sich selbst benennen muß. Dieses hier gehört nicht dazu, also habe ich es nach Kelly benannt. Doch, doch, ganz ehrlich. Mit diesem Rezept schmeckt der billige Tee, den Sie immer kaufen, genausogut wie das hochgestochene Zeug, das die Leute immer bei *Miss Marple* trinken. Also sehen Sie zu, daß Sie immer ein Schraubglas von diesem Zeug hinten in Ihrem Kühlschrank stehen haben, und rühren Sie es in den Tee, den Sie solchen Snobs wie Steve und Mary vorsetzen. Wenn die wüßten, woraus es wirklich besteht, würde ihnen schlecht werden. Jetzt haben Sie auch einen Grund, sich ein bißchen hinter ihrem Rükken zu amüsieren.

1 Liter heißes Wasser
4 Eßlöffel Zitronensaftkonzentrat

1 Eßlöffel Zimtpulver
1 Teelöffel Nelken
60 g Zucker

Gießen Sie das heiße Wasser in einen Krug, und rühren Sie das Zitronensaftkonzentrat ein, bis es sich aufgelöst hat. Geben Sie zunächst die Gewürze und dann den Zucker hinzu. Decken Sie den Krug ab, und stellen Sie ihn in den Kühlschrank. Bevor Sie diese Gewürzmischung verwenden, denken Sie daran, daß Sie jedesmal zuerst wie verrückt umrühren müssen. Schließlich mag niemand Tee, auf dem man kauen kann. Rechnen Sie einen Teelöffel pro Tasse, zwei pro Becher.

Ergibt mehr, als Sie in Ihrem Leben je verbrauchen werden

Miststück-Kuchen

Manchmal denke ich nicht daran, so unwichtige Sachen wie zum Beispiel Mehl zu kaufen. Was kann man mit Mehl schließlich auch schon groß anstellen? Bestenfalls sieht Ihre Familie es auf dem Küchenregal stehen, und schon lungern alle in der Küche herum, weil sie denken, es gäbe selbstgebackene Plätzchen oder so etwas.

Al nennt dieses Rezept meinen Miststück-Kuchen, weil ich ihn nur mache, wenn die anderen Miststücke zum Kaffeeklatsch kommen und sich die Mäuler zerreißen. Zumindest glaube ich, daß er ihn deshalb so nennt. Es ist wirklich traurig, wie wenig belesen er ist. Vielleicht kennen Sie auch diese Kochbücher von religiösen Gemeinschaften, in denen man solche Sachen wie *Wort-des-Lebens-Kuchen* findet, bei denen alle Zutaten aus der Bibel stammen. Und ich hole mir eben meine In-

spiration aus Büchern, die die Leute auch wirklich lesen, wie zum Beispiel *Das Miststück* von Jackie Collins. Dieses Buch betrachte ich als *meine* Bibel.

Ich bin ganz begeistert von diesem Rezept. Man braucht dafür zum Beispiel kein Mehl, sondern nimmt einfach nur alte Kekskrümel. Und das beste daran ist, daß der Kuchen am ersten Tag noch ziemlich scheußlich schmeckt. Wenn Sie also Ihre Familie an dem Tag, an dem Sie ihn backen, sofort probieren lassen, werden Ihre Lieben ihn nicht heimlich aufessen, sobald Sie ihnen den Rücken zukehren. Wie oft ist es schon vorgekommen, daß ich meinen Gästen einen Kuchen vorgesetzt und mich zu Tode geschämt habe wegen der garstigen Gebißabdrücke. Das kann Ihnen mit diesem Kuchen nicht passieren. Der gehört nach vierundzwanzig Stunden, erst wenn er richtig lecker schmeckt, Ihnen ganz allein.

7 getrennte Eier
12 Eßlöffel Honig
4 Eßlöffel braunen Zucker
2 Eßlöffel Orangenlikör
125 g grob gemahlene Nüsse
12 Eßlöffel Kekskrümel

Heizen Sie den Ofen auf 200 °C vor. Streichen Sie den Boden einer Springform mit Öl aus, aber nicht die Seiten, denn sonst geht der Teig nicht auf. Verrühren Sie die Eigelbe mit dem Honig, dem Zucker und dem Likör zu einer cremigen Masse und rühren danach die Nüsse und die Kekskrümel unter. Schlagen Sie das Eiweiß ganz steif, und heben Sie es unter die Masse.

Dann gießen Sie diesen Teig in die Springform und backen ihn etwa 45 Minuten. Zur Probe stechen Sie einen kleinen Fleischspieß hinein. Wenn beim Herausziehen kein Teig an ihm klebenbleibt, ist der Kuchen gar. Lassen Sie ihn in der Form abkühlen und lösen Sie ihn anschließend mit einem Messer vom Ring der Springform ab. Entfernen Sie den Ring, und schieben Sie den Kuchen vorsichtig von der Form auf eine Kuchenplatte. Garniert wird er mit Vanilleeis oder leicht gesüßter Schlagsahne. Wenn er für ihre Weiberblase ist, brauchen Sie keine Gabeln, denn die stopfen ihn sich sowie einfach mit den Fingern in den Mund.

Ergibt 8 Stücke

Fisch im Geschirrspüler

Ich wußte doch, daß der Geschirrspüler für irgend etwas gut sein muß!

3 Eßlöffel Sojasauce
3 Eßlöffel Zitronensaft
1½ Teelöffel Ingwerpulver
2 Eßlöffel Olivenöl
1 Eßlöffel Zucker
⅜ Teelöffel weißen Pfeffer
1 Bund frischen Dill
6 etwa 1½ cm dicke Lachssteaks (je ca. 220 g)

Mischen Sie die Sojasauce, den Zitronensaft, den Ingwer, das Öl, den Zucker und den Pfeffer. Reißen Sie 6 Stücke Alufolie ab, falten Sie sie in der Mitte, und legen Sie sie auf dem Küchentisch aus. Die gefalteten Folienstücke müssen so groß sein, daß Sie ein Lachssteak hineinlegen und die Seiten so falten können, daß der Fisch darin vollkommen abgeschlossen ist.

Marinieren Sie den Lachs mit ihrer Sojamischung. Danach drehen Sie ihn um, so daß die bereits marinierte Seite auf der Folie liegt. Anschließend bestreichen Sie die andere Seite und legen darauf einen kleinen Zweig Dill. Die restliche Marinade gießen Sie über die Lachssteaks. Danach wickeln Sie die Alufolie um den Fisch und klappen die Ränder sorgfältig um, so daß der Fisch vollkommen versiegelt ist.

Die Fischpakete legen Sie sehr vorsichtig auf den obersten Korb des Geschirrspülers. Achten Sie darauf, daß die Alufolie nicht reißt. Danach lassen Sie die Spülmaschine mit Trockenprogramm etwa 50–60 Minuten laufen. Ich persönlich finde, daß bei eingeschaltetem Vorspülprogramm der Fischgeschmack ein wenig gemildert wird, aber die anderen mögen das nicht. Ach ja, und schalten Sie auf keinen Fall den Turbo-Trockner ein. Wir haben das einmal gemacht, aber nach ein paar Tagen war Buds Stimme wieder normal. Heiß servieren.

Ergibt 6 Portionen

Rinderpastetchen

Ständig liegt Al mir mit der Frage in den Ohren: »Warum kannst du nicht so tolles Zeug kochen, wie ich es beim Militär gekriegt habe? Bremsklötze mit Püree, Tellerhai, Eintopf aus der Gulaschkanone oder Spaghetti mit Teigbällchen – davon kann ich doch heute nur noch träumen.« Und dann lädt er seinen alten Spieß zum Essen ein und erwartet auch noch von mir, daß ich für die beiden solche tollen Sachen koche. Die Männer bringen einem ja so wenig Aufmerksamkeit entgegen. Wenigstens könnte er mir doch ein bißchen früher als erst ein paar Wochen vorher Bescheid geben. Sie verstehen schon, genug Zeit, um die Klamotten zu packen und nach Honolulu abzudüsen. Schließlich gibt es ja genug Frittenbuden in unserer Gegend.

Aber dann haben Al und ich uns auf ein wirklich ausgefallenes Gedeck geeinigt. Leider hatte ich kein Essen dafür, also habe ich das hier fabriziert. Aber Spaß beiseite, auf dieses Rezept bin ich wirklich stolz. Vielleicht reiche ich es sogar einmal bei einem Feldküchen-Kochwettbewerb von der NATO ein. Zumindest einen Trostpreis hätte ich mir verdient.

Wenn Sie in Ihrem Supermarkt keine fette Rindfleischsuppe »mit ganzen Stücken« bekommen, dann tut es auch fettes Rinderhack. Bitte beachten Sie: Für eine solche Gelegenheit sollten Sie auf jeden Fall Dosen ohne die verräterischen Dellen kaufen.

2 Packungen tiefgefrorene Windbeutelpasteten (12)
6 Dosen (je 300 g) Campell's fette Rindfleischsuppe mit Gemüse und ganzen Rindfleischstücken
4 Eßlöffel vollfetter Ricotta

Zum Ausbacken der Pasteten:
Lesen Sie auf der Packung nach. Das ist das Kartonding, auf dem ein Datum vom letzten Jahr steht.

Für die Füllung:
Etwa fünf Minuten bevor die Pasteten fertig sind, gießen Sie die Suppe in ein weitmaschiges Sieb über einem großen Topf. Das Fleisch und das Gemüse bleiben im Sieb zurück, während die eigentliche Suppe im Topf landet. Geben Sie das Fleisch und das Gemüse in eine Kasserolle und erwärmen es auf sehr kleiner Flamme. Gleichzeitig setzen Sie den Topf mit der Suppe auf mittlere Flamme. Rühren Sie den Ricotta ein, und bringen Sie die Suppe unter ständigem Umrühren zum Kochen, bis sie so dick wie eine Sauce ist.

Um das Ganze zu einem echten Gericht zu machen:
Nehmen Sie die Pasteten aus dem Ofen und geben je zwei auf jeden Teller. Nehmen Sie die Pastetendeckel ab, und entfernen Sie mit einem kleinen Löffel allen Teig, der noch nicht gar ist. Sie können ihn für Teigbällchen in Als Spaghetti aufheben. Mein Gott, woran ich nicht alles denke! Geben Sie das Fleisch und das Gemüse in die Pasteten und löffeln danach die Sauce darüber. Dann legen Sie die Teigdeckel wieder auf die Pasteten und futtern das Ganze.

Ergibt 6 Portionen

Motelsalat

Vielleicht wundern Sie sich, warum dieses Rezept ausgerechnet in dem Kapitel auftaucht, das ich Ihren Gästen gewidmet habe. Das liegt einfach daran, daß das Motel hier in der Gegend der einzige Ort ist, der einen Bundy noch als Gast akzeptiert – vermutlich, weil es auf den Zimmern nichts gibt, das wir noch kaputtmachen könnten. Jedenfalls war das vor vier Jahren so, als Al mit uns das letzte Mal weggefahren ist, abgesehen von einem Trip nach Florida, wo wir ein wunderbares Wochenende mit einem Axtmörder verbrachten.

Dieses Gericht erinnert mich ein bißchen an unseren Bundy-Fußboden-Eintopf, den wir zu Hause hier und da machen. Natürlich haben zu Hause alle immer einen solchen Hunger, daß man selten wirklich noch etwas auf dem Fußboden findet, normalerweise bestenfalls ein paar Apfelsinenkerne, Mäusekot, Hundehaare und hier und da einen Talisman.

Das Aufregende aber an einem echten Motel ist, daß es so viele Sachen in Verkaufsautomaten gibt. Und gleich werden Sie auch wissen, warum man mich gelegentlich die Königin der Automaten-Cuisine nennt.

Schneiden Sie die Äpfel, die Orangen, die Pfirsiche und die anderen Früchte, die in dem Automaten zu haben sind, klein, und mischen Sie sie in der vom Motel großzügigerweise bereitgelegten Badekappe. Lutschen Sie die Schokolade von ein paar Schokoriegeln, um an die Mandeln und Rosinen zu kommen, und geben diese sowie die Kokosraspeln zu den Früchten. Auch Sonnenblumenkerne und Erdnüsse sind eine schmackhafte Zutat, falls sie in Ihrem Automaten erhältlich sind.

Verrühren Sie ein wenig Senf mit etwas Orangensaft oder Limonade (1 Portionstütchen Senf auf eine Dose), damit Sie eine pikante Salatsauce über Ihren Fruchtsalat gießen können. Darüber geben Sie zerkrümelte Kartoffel- oder Mais-Chips oder auch Salzbretzeln, wenn Sie es besonders knusprig mögen. Servieren Sie den Salat mit kleinen Kräckern und Käse oder mit Erdnußbutter als besonderer Delikatesse.

* BUNDY-BONUS * BUNDY-BONUS * BUNDY-BONUS *

Manchmal bin ich so stolz auf meine Tochter Kelly. Sie wollte ihrer Mom so sehr helfen, daß sie sogar zum ersten Mal seit *Sex Ed* im letzten Jahr wieder ihre Hausaufgaben gemacht hat. (Wir dachten, daß sie mit *Sex Ed* Sexualkundeunterricht meinte, bis sich dann herausstellte, daß es sich um einen Kerl namens Ed Jablonski handelte ... aber das ist eine andere Geschichte.) Zuerst hat sie sich von ihrem neuen Freund Cobra einen Kassettenrecorder geliehen, damit sie das Rezept dokumentarisch aufzeichnen konnte. Und dann hat dieser herzensgute Junge drei Nächte hintereinander bei ihr verbracht und ihr geholfen, es aufzuschreiben. Ich weiß gar nicht, wann die armen Kinder überhaupt geschlafen haben. Das Rezept sah so gut aus, daß Cobra ihr den Kassettenrecorder als Belohnung geschenkt hat. Meine Güte, manche Jungs merken es wirklich nicht, wenn man sie ausnutzt.

Käsekuchen plus Nacherzählung »Die drei Musketiere«

Hier ist Kelly Bundy. Mr. Puck, unser Lehrer in Hauswirtschaft, hat uns eine echt blöde Hausaufgabe gestellt. Wir mußten irgend so ein Rezept aufschreiben, das er erfunden hat, »um den großen literarischen Werken Ehre zu erweisen, die ihr Mädchen bei Mr. Gregory im Englischunterricht lernen dürft«. Ich habe ihn daraufhin gefragt, ob ich einfach schreiben könne, es sei ein gutes Buch und ein gutes Rezept, aber dagegen hatte er etwas. Und dann hat uns Mr. Gregory auch noch aufgetragen, eine Nacherzählung von dem Buch zu schreiben, das zu dem Rezept gehört. Ich kann es überhaupt nicht leiden, wenn die Lehrer sich gegen einen zusammenrotten, und deshalb habe ich das Rezept und die Nacherzählung auch einfach zusammengeschrieben. Ich nehme an, die beiden werden es ohnehin gemeinsam lesen. Jetzt, wo ich darüber nachdenke – sie machen überhaupt ziemlich viel zusammen!

Ich habe Bud herumgekriegt, daß er mir erzählt, worum es in dem Buch geht. Alles, was er dafür wollte, war den Schlüssel zum Mädchenumkleideraum. Ich habe ihm aber klargemacht, daß er mir diesmal lieber die wirkliche Geschichte erzählt, und ihm damit gedroht, daß ich sonst auf dem Jungenklo schreiben würde: »Wenn ihr ein bißchen Spaß wollt, ruft Bud Bundy an.«

Es hat sich dann übrigens herausgestellt, daß *Die drei Musketiere* wirklich eine ziemlich coole Story ist. Es geht dabei um drei Kerle, Larry, Curly und Annette, die aber ihre Namen ändern müssen, weil der böse Kardinal Mickey »die Maus« hinter ihnen her ist. Larry wird fortan Aramis genannt, weil er immer Aftershave trägt, Curly heißt Bados, weil er dringend eins nötig hätte, und Annette wird Orthos genannt, aber ich habe nicht genau verstanden, warum. (Muß irgend etwas mit einem stillen Örtchen zu tun haben.) Die drei haben noch einen anderen Freund, der D'Arlene heißt und die ganze Zeit nur rumhängt. Und schließlich wirft Annette, der/die sich ziemlich gut mit Käsekuchen auskennt, dem Kardinal Mickey einen solchen ins Gesicht. Der Kuchen ist so gut, daß die drei als »Königliche Bäkker« angestellt werden. Und so ging der Käsekuchen:

1 Mürbeteigbogen
70 g Bitterschokolade

¼ l Milch
1 Päckchen Gelatine
3 große Eier
12 Eßlöffel hellbraunen Zucker
1 Pfund weichen Frischkäse (Zimmertemperatur)
1 Teelöffel Vanilleextrakt
geschmacksneutrales Pflanzenöl
15 Schokoladenmandeln, kleingehackt

Dreht den Schalter mit den vielen Zahlen vorne am Ofen auf 200. Als nächstes braucht ihr zwei Stücke Karton. Das eine muß genauso lang und doppelt so hoch sein wie die Kuchenform. Das zweite sieht genauso aus, außer, daß es nur halb so lang ist. Faltet das größere Stück in der Mitte, damit beide Hälften so lang sind wie das kurze Stück. Dann steckt ihr die Kartons in eure Tasche, damit sie euch niemand klaut.

Laßt die Schokolade in einer superkleinen Kasserolle schmelzen (und zwar auf dem Herd, aber bei einer kleinen Zahl auf dem Schalter), bis ihr keine Klümpchen mehr seht. Das ist ein Trick, weil man nämlich rühren muß, um die Klümpchen wegzukriegen, und das hat Mr. Puck mir nicht verraten. Schüttet die Schokolade aus der Kasserolle in eine Schüssel, und kratzt auch noch den letzten Rest heraus, ohne Rücksicht auf eure Fingernägel.

Dann erwärmt ihr die Milch in einem Topf auf kleiner Flamme, bis sie ungefähr so warm ist wie ein Babyfläschchen. Ihr könnte natürlich auch die Schokoladenkasserolle benutzen, wenn ihr sie vorher saubermacht, aber dann könnt ihr auch ebensogut gleich den Pfadfindern beitreten. Schaltet die Platte unter dem Topf aus, aber laßt den Topf da stehen, wo er ist. Reißt mit den Zähnen eine Ecke des Gelatinepäckchens auf und schüttet das Pulver schön verteilt über die Milch. Dann schnappt ihr euch eins von diesen Metalldingern mit dem Griff und den vielen Drähten und rührt damit wie verrückt in der Milch herum, bis die Gelatine verschwunden ist. Offen gestanden weiß ich nicht, warum sie überhaupt dazugehört, wenn sie sowieso verschwindet, aber sobald ich Mr. Puck so eine Frage stelle, rastet er jedesmal aus.

Jetzt wird es echt schwierig. Trennt die Eigelbe vom Eiweiß. Dafür müßt ihr euch jemanden suchen, der euch zeigt, wie es geht. Es ist zu ekelhaft, als daß ich es euch erklären könnte. Danach jedenfalls tut ihr die Eigelbe in die Milch und rührt wieder mit diesem Drahtding, bis die Masse schön cremig ist. Danach müßt ihr von dem Drahtding zu einem Löffel wechseln, obwohl ich glaube, daß Mr. Puck solche Sache nur anordnet, damit wir noch mehr Abwasch haben. Dabei binden wir uns nämlich immer das Haar zurück und sehen ein bißchen aus wie Jungs. jetzt erhitzt ihr den Topf wieder, aber nur wenig. Rührt den braunen Zucker hinein und seht zu, daß keine Klümpchen zurückbleiben – davon gibt es wahrscheinlich eine ganze Menge.

Also rührt ihr die Milch und rührt und rührt, bis ihr am liebsten kotzen würdet. Aber trotzdem rührt ihr immer weiter, denn sonst kriegt ihr eine Sechs und müßt den ganzen Kurs noch einmal machen. Die Milch ist richtig, wenn beim Herausnehmen des Löffels eine dünne Schicht von hellbraunem Zeug hängenbleibt und nicht wieder heruntertropft. Das kann eine Ewigkeit dauern – so um die acht Minuten. Dann nehm ihr den Topf vom Feuer und schiebt ihn erst einmal ganz weit weg.

Und als ob das noch nicht gereicht hätte, müßt ihr jetzt den Frischkäse schlagen, bis er cremig ist. Wenn ihr ganz lieb zu Mr. Puck seid und ihm eure Klamotten ausleiht, dann läßt er euch vielleicht die Küchenmaschine benutzen. Wenn der Käse cremig geschlagen ist, rührt ihr dieses Vanillezeug hinein. Wenn ihr Mr. Puck jetzt auch noch euren Lidschatten leiht, dürft ihr vielleicht einmal daran nippen. Nein, natürlich nicht an dem Lidschatten. Vanilleextrakt schmeckt scheußlich, aber immerhin ist Alkohol drin. Als nächstes schüttet ihr die Milch in den Frischkäse und verrührt alles, bis die Masse wieder ganz locker ist.

Als große Belohnung dürft ihr jetzt einen von diesen Elektromixern benutzen, die so einen Radau machen, daß man seinen eigenen Walkman nicht mehr hören kann. Mit dem Mixer schlagt ihr das Eiweiß, bis es aussieht wie billiger Badeschaum – nur Schaum und kein Bier, sozusagen. Dann schmeißt ihr den weißen Zucker dazu und rührt weiter, bis das Eiweiß aussieht wie Schnee, weiß und flockig und irgendwie schön. Wenn ihr jetzt etwas davon mit dem Löffel hochhebt, darf es nicht wieder herunterfallen. Dann hebt ihr ganz vorsichtig das Eiweiß unter die Creme. Es macht nichts, wenn dabei ein paar weiße Streifen zurückbleiben. Das ist immer noch besser, als wieder den röhrenden Mixer einschalten zu müssen.

Als nächstes müßt ihr euch einen Mathe-Freak suchen, der euch hilft. Am besten haltet ihr nach einem Mädchen mit Brille, Pickeln und einer bis zum obersten Knopf zugeknöpften Bluse Ausschau und versprecht ihr, daß ihr ihr ein Rendesvouz mit dem Jungen ihrer Träume beschafft. Ihr braucht das Versprechen ja nicht einzulösen. Was kratzt es euch, wenn sie nie wieder ein Wort mit euch spricht? Jedenfalls müßt ihr diese Langweilerin dazu kriegen, daß sie die Käsemischung in drei Teile aufteilt. Dann muß sie herauskriegen, wieviel 300g sind, und soviel in eine andere Schüssel geben, zusammen mit fast den ganzen Schokoladenmandeln. Zum Glück bleibt der dritte Teil erst einmal, wo er ist, also habt ihr danach einen Augenblick Ruhe vor dieser Verrückten.

Erinnert ihr euch noch an die Kartonstücke? Die holt ihr jetzt aus der Tasche und bestreicht sie satt mit dem geschmacksneutralen Pflanzenöl. Ich habe eine Flasche mitgebracht, auf der ein Bild von Nancy Reagan war, aber Mr. Puck hat mir erklärt, daß geschmacksneutral etwas anderes ist als geschmacklos. Warum hat er das nicht vorher gesagt? Jedenfalls müßt ihr jetzt die Mathe-Tante dazu bringen, daß sie den Karton in die Kuchenform setzt, und zwar so, daß er aussieht wie ein Mercedes-Stern und drei gleich große Abschnitte entstehen. In einen Abschnitt löffelt ihr den Teig ohne irgendwas drin und in den zweiten den Schokoladenteig. Der mit den Mandeln kommt in den dritten Abschnitt, und darüber verteilt ihr die restlichen Mandeln. Und jetzt zieht ihr gaaanz vorsichtig die Kartonstücke wieder heraus, ohne dabei den Teig zu versauen. Stellt den Kuchen in den Kühlschrank, aber verschüttet nichts auf die Frösche vom Biologieunterricht.

Zum Essen

> **»Stellt mich einfach nur an einem Sommertag vor einen heißen Ofen, alle vier Platten sind an, das Fett spritzt mir ins Gesicht und vermischt sich mit dem ganzen Schweiß . . . ach, Quatsch, ich hab' doch nur Spaß gemacht. So was Verrücktes würde ich doch nie tun.« – Peg**

Ferien: Genießen Sie die schönste Zeit des Jahres

Wir Bundys lieben Urlaube. Das ist die einzige Zeit im Jahr, in der wir einmal andere Leute damit in Verlegenheit bringen können, daß wir uns bei ihnen einladen. Was gefeiert wird, ist uns egal. Wenn ein Bundy umsonst etwas zu essen kriegt, ist das für ihn wie Weihnachten, Ostern und Kneipeneröffnung mit Freibier auf einen Tag.

Das einzige Problem bei der Sache ist, daß irgendwann unweigerlich der Tag kommen wird, an dem all diese fremden Autos auf unserem Rasen parken, ob man die Leute nun eingeladen hat oder nicht. Natürlich will man seine Gäste so billig und so einfach wie möglich abspeisen, also ohne wirklich Arbeit zu haben oder Geld ausgeben zu müssen. Aber glauben Sie mir, wenn ich es schaffe, dieses Haus in einen Fetenpalast zu verwandeln, dann schaffen Sie es auch, mit meinen Ratschlägen das größte Freßgelage zu planen, das es seit der Hochzeit von Luke und Laura je gegeben hat. Versuchen Sie auf jeden Fall, nur wiederverwendbare Sachen einzukaufen. Ich kaufe zum Beispiel nur Zahnstocher aus Plastik, weil man die abwischen und immer wieder benutzen kann. Ist doch egal, wenn Al damit auch seine Fußnägel saubermacht. Das erfährt ja keiner.

Planen Sie Ihre Party für genau einen Tag nach der Party Ihrer Nachbarn. Wir laufen dann immer gerade rechtzeitig bei denen auf, daß Al noch auf die am schönsten angerichteten kalten Platten niesen kann, bevor irgendwelche unachtsamen Gäste die ganze Garnierung ruinieren. Wenn dann die Gastgeberin bemerkt, daß Al sich erkältet hat, besteht sie darauf, daß er sich sofort zu Hause ins Bett legt und die infizierten kalten Platten mitnimmt.

Wenn man billig ein bißchen Spaß haben will, dann ist eine Motto-Fete immer das beste. Sehen Sie aber zu, daß Ihre Gäste auch wissen, daß es sich um eine Motto-Fete handelt. Sonst denken die am Ende noch, Al würde immer einen Federstaubwedel im Haar tragen und nur »gurr-gurr« antworten, wenn man ihn etwas fragt. (Na ja, das war jetzt kein gutes Beispiel.) Und wenn Sie dann noch das ganze Haus von oben bis unten dekorieren, kriegen Ihre Gäste auch nichts von Ihren Möbeln mit . . . und von Ihren Kindern . . . und von Ihrem Haus . . . und von Ihrem ganzen miesen und verpfuschten Leben.

Es gibt die unterschiedlichsten Mottos für eine Party, deshalb nenne ich Ihnen hier ein paar Beispiele.

Sie können zum Beispiel alles – und damit meine ich wirklich *alles* – in einer Farbe dekorieren. Das ist ein großartiger Vorwand, um sich ein neues Kleid zu kaufen. Und die ganze übrigen Dekoration muß weder teuer noch aufwendig sein. Hier sind ein paar gute Tips, wie Sie ohne große Mühe tolle Erfolge erzielen. Wenn Ihr Thema zum Beispiel »Blau« ist, dann paßt ja auf jeden Fall schon einmal das Wasser im Klo! (Bei uns zu

Hause müßte das Thema dafür natürlich »Gelb« sein.)

Eine Farbenfete ist auch deshalb eine so tolle Idee, weil man bei der Auswahl und Vorbereitung des Essens überhaupt nicht festgelegt ist. Sie färben einfach alles, was Sie machen, mit der entsprechenden Lebensmittelfarbe. Übrigens, wenn Sie im Supermarkt ein bißchen Lebensmittelfarbe auf Ihre Hand reiben und der Verkäuferin sagen, daß die Tube undicht ist, dann kriegen Sie die ganze Packung mit vier Farben umsonst.

Wenn es Ihnen zuviel Arbeit ist, alles mit Lebensmittelfarbe zu färben, dann bringen Sie eben nur weißes Essen auf den Tisch – Kochfisch mit Champignonsahnesauce, Kartoffelpüree mit weißen Rüben und zum Nachtisch Sahnekuchen mit Vanilleeis. Weiß eignet sich auch besonders gut, wenn Kinder dabei sind, weil es dann keine Flecken auf den Möbeln gibt. Leider müssen Sie dann aber auch konsequent sein und dürfen nur Platten von *weißen* Sängern spielen, zum Beispiel von Barry Manilow, Donny Osmond oder in Ihrem Fall Heino.

Es gibt natürlich auch noch andere Möglichkeiten als ein Farbenmotto. Lassen Sie sich etwas einfallen. Seien Sie kreativ! Hier ist eine Liste von Vorschlägen für Partys, die alle den besonderen Touch von Peg Bundy haben.

Eine-Sorte-Essen-Feten:

»Erdnußbutter-Erlebnis«
»Fritten-Festival«
»Trockenmüsli-Party«

Internationale Abende:

»Die Bundys in Hawaii«
»Die Bundys auf Sylt« (Na schön, na schön. Das ist also gar nicht international. Ich habe ja auch noch nie behauptet, ich hätte Ahnung von Erdkunde.)

»Die Bundys auf Achse« – Haben Sie's kapiert? Genau! Bei der Fete brauchen Sie nämlich noch nicht einmal anwesend zu sein!

Und nun mein absolut erfolgreichstes Motto: der »Schönen Abend noch«-Abend: Da verziere ich jedes Gericht mit einem ganz individuellen Smily-Mondgesicht.

Hier kommen ein paar Menüvorschläge und Rezepte von einigen unserer denkwürdigsten Partys. Ich hoffe, daß Sie bei Ihren Feten auch immer so viel Spaß haben.

DAS OSTERMENÜ

Gefüllte Eier
Schinken in Coke-Sauce
Chow Mein-Nudelplätzchen

Das Osterfest symbolisiert die Hoffnung, und deshalb hoffe ich jedes Jahr von neuem, daß die Toten wieder zum Leben erwachen. Aber Al sagt, saß der Herr Jesus schlau genug war, um sich von jeglichem Sex fernzuhalten, und daß er selbst sich daran ein Beispiel nimmt. Dieses Jahr hat Al mir erzählt, daß die Männer während der Fastenzeit keinen Sex haben durften und daß daraufhin so viele Frauen in die Kirche gelaufen und für Sex gebetet haben, daß der Papst die Fastenzeit auf unbestimmte Zeit verlängert hat. Ich habe unseren Pater gefragt, ob das stimmt, und er hat ja gesagt. Allerdings hatte er auch schon vorher unsere Kinder kennengelernt.

Also habe ich statt dessen die Osterfeiertage im Einkaufszentrum verbracht und mir mit Als Kreditkarte dieses und jenes gekauft. Was, war mir egal, solange es nur ordentlich teuer war. Und die Kinder hatten über Ostern auch Ihren Spaß. Wir haben Ihnen ganz süße kleine, lebendige Küken gekauft, und die haben köstlich geschmeckt.

Es hat so etwas Anheimelndes, wenn man ein richtig traditionelles Ostermenü auf den Tisch bringt – selbst wenn es einen wieder daran erinnert, daß man eine Familie am Hals hat. Und noch schöner ist es, wenn die ganze Familie mitmacht und bei der Vorbereitung hilft. Wenigstens einmal im Jahr kann man da auf alle zählen. Perfekte Idylle!

Gefüllte Eier

Kinder sind ganz verrückt auf Ostereier, selbst wenn sie schon im Teenageralter sind und sich schämen, es zuzugeben. Vielleicht fragen Sie sich, wer um Himmels willen Lust dazu haben könnte, um fünf Uhr morgens aufzustehen und draußen im feuchten Gras herumzukriechen, um die ganzen Ostereier zu verstecken. Ja, sind Sie denn eigentlich noch bei Trost? Glauben Sie denn, Sie sind die einzige Familie mit Kindern in der Nachbarschaft? Jetzt werde ich Ihnen einmal verraten, wie bei den Bundys die Eiersuche abläuft.

Zunächst einmal müssen Sie sich einen Überblick über die gesamte Nachbarschaft verschaffen. Finden Sie heraus, wer überhaupt das Osterfest begeht, wer Kinder hat, wer nicht sehr helle im Kopf ist und wer keinen großen Hund zu Hause hat. Es ist ziemlich wahrscheinlich, daß Sie dabei immer wieder auf ein und dieselben Leute stoßen werden.

Zweitens stellen Sie am Ostersonntag Ihren Wecker auf fünf Uhr früh und schleppen sich zu dem Fenster, von dem aus Sie den Garten des betreffenden Nachbarn überblicken können.

Die Kinder sollen Ihnen gefälligst einen Kaffee und ein Fernglas bringen.

Drittens zeichnen Sie auf ein Stück Papier einen Lageplan von allen Stellen, wo Ihre Nachbarn die Eier verstecken.

Und viertens gilt es, jetzt schnell zu handeln. Sobald Ihre Nachbarn zurück ins Haus stolpern, schicken Sie Ihre Kinder los, damit sie die Eier aufsammeln. Seien Sie aber nicht gar zu herzlos. Eins oder zwei sollten Sie schon liegenlassen.

Jetzt haben Sie also die Hauptzutat für Ihre gefüllten Eier. Richtig Eindruck können Sie damit schinden, wenn Sie sie in ungewöhnlichen Farben machen. Außerdem sehen sie dann auch erst so richtig österlich aus. Also habe ich Ihnen hier meine Lieblingsfarben aufgeschrieben.

6 hartgekochte und gepellte Eier
2 gehäufte Teelöffel Mayonnaise
2 Teelöffel Senf
1 Prise weißer Pfeffer
1 Eßlöffel Essiggurkensaft
1 Eßlöffel Meerrettich

Die Eier längs halbieren, die Eigelbe herausnehmen und in eine Schüssel geben. Die Eigelbe mit einer Gabel zerdrücken und dann mit der Mayonnaise, dem Senf, dem Pfeffer, dem Gurkensaft und dem Meerrettich verrühren.

Jetzt kommen die Farben, die ich am liebsten habe, aber Sie können natürlich auch Ihre eigenen improvisieren. Ich habe gern verschiedene Farben, immer ein paar Eier in einer. Jede der unten angegebenen Farben reicht für 12 Eihälften.

Für liebliches Rosa oder Liebesrot:
1 Eßlöffel Cocktailsauce und rote Lebensmittelfarbe

oder
nehmen Sie statt nur Meerrettich eine
Mischung aus Meerrettich und roter Beete.

Für Goldgelb:
4 Eßlöffel French Dressing und gelbe Lebensmittelfarbe.

Für venezianisches Blau:
3 Eßlöffel Chili mit Fleisch aus der Dose und blaue Lebensmittelfarbe.

Für Grasgrün:
3 Eßlöffel Parmesankäse und grüne Lebensmittelfarbe.

Wenn Sie einen obszönen Anruf entgegennehmen und dabei Ihre Zigarette auf den Schüsselrand legen, bekommen Sie:

Obisisian-Schwarz:
die Asche einer Zigarette (Filter entfernen) und schwarze Lebensmittelfarbe.

Die Eigelbe können Sie entweder mit einem Löffel zurück in Eiweißhälften geben oder mit einem Spritzbeutel in einem dekorativen Muster spritzen, so als ob Sie dieses Jahr den Volkshochschulkurs »Rund ums Osterei« besucht hätten.

Ergibt 12 Eihälften

Schinken in Cokesauce

Manchmal verstehe ich die Leute einfach nicht. Können Sie mir einmal sagen, welcher Idiot einem mit der Post ein Geschenkpaket schicken würde, in dem sich etwas zu essen befindet, das noch nicht einmal fertig gekocht ist? So etwas kann natürlich nur von Als Seite kommen.

Nachdem nämlich seine Tante Betsy sich mit diesem reichen Perser verlobt hatte, mußte sie selbstverständlich das ganze Schweinefleisch loswerden, das sie noch im Haus hatte. Und auch ihre sexy Abendkleider mit Leopardenmuster und den echt goldenen Weinkühler mußte sie loswerden, aber glauben Sie vielleicht, sie hätte mir *die* geschickt? Nein, alles, was ich gekriegt habe, war ein mickriger Schinken. Ach ja, und außerdem habe ich natürlich noch Al gekriegt. Was bin ich doch für ein Glückskind!

1 halben rohen Schinken mit Knochen (ca. 7 Pfund)
1 geschälte und halbierte Zwiebel
2 Dosen Coke
2 Eßlöffel Scotch
1 Eßlöffel Nelken
1½ Eßlöffel Senf

Heizen Sie den Ofen auf 150 °C vor. Legen Sie den Schinken mit der fetten Seite nach oben in eine flache Auflaufform. Wenn er umkippt, benutzen Sie die Zwiebelhälften als Keile, damit er gerade liegen bleibt. Wenn es dann immer noch nicht klappt, schneiden Sie ein kleines Stück von der Unterseite des Schinkens ab. Und wenn es dann noch schiefgeht, machen Sie Ihrer Familie einfach weis, daß er schon gar ist.

Schütten Sie die Coke um den Schinken herum, und schieben Sie die Auflaufform in den Ofen. Schmoren Sie den Schinken 20 Minuten pro Pfund (bei 7 Pfund also ca. 2 Stunden und 20 Minuten). Alle 15 Minuten mit der Cola beträufeln.

Danach nahmen Sie das Biest aus dem Ofen. Schneiden Sie

die Schwarte und auch die Fettschicht bis auf eine etwa ½ cm dicke Schicht ab. Heizen Sie den Ofen auf 220 °C. Verrühren Sie den Scotch, die Nelken, den Senf mit 2 Eßlöffeln Sud aus der Auflaufform. Den Rest des Suds lassen Sie, wo er ist. Die Senf-Nelken-Mischung verteilen Sie über den Schinken.

Legen Sie das Fleisch wieder in die Form (egal, welche Seite nach oben), und schieben Sie es zurück in den Ofen. Lassen Sie das Ganze 20 Minuten schmoren. Dann drehten Sie den Schinken um und lassen ihn weitere 20 Minuten schmoren. Dabei müssen Sie ihn alle zehn Minuten mit dem Sud beträufeln. Wenn die Innentemperatur noch keine 80 °C erreicht hat, schmoren Sie weiter, außer Sie wollen, daß den Kindern schlecht wird. Wissen Sie überhaupt, was heutzutage ein Arzt kostet? Und dann fragen Sie sich noch, warum die Leute der *Ersten Kirche Christi* beitreten?

Ergibt 12 Portionen

Chow Mein-Nudelplätzchen

Eigentlich sind das gar keine Plätzchen, aber wenn man sie so nennt, dann hört es sich so an, als hätten Sie sich tatsächlich einmal die Arbeit gemacht, welche für Ihre Kinder zu backen. Ja, sind Sie denn Max Inzinger oder was? Aber manchmal muß eine Frau eben doch den Tatsachen ins Auge sehen, und das heißt, daß sie manchmal auch kochen muß. Also geben Sie Ihr Bestes.

285 g Milchschokolade oder Bitterschokolade oder beide gemischt
120 g knusprige Chow Mein-Nudeln aus der Dose

120 g grob gehackte Nüsse, zum Beispiel Walnüsse oder Pekannüsse
90 g grob gehackte Marshmallows
120 g Schokoladenplättchen

Lassen Sie die Schokolade auf sehr kleiner Flamme schmelzen, und kratzen Sie sie in eine Plastikschüssel. Rühren Sie die Nudeln und die Nüsse hinein, und lassen Sie die Masse stehen, bis die Schokolade abgekühlt, aber immer noch flüssig ist. Dann rühren Sie die Marshmallows und die Schokoladenplättchen und alles, was Sie sonst noch so haben, unter, aber rühren Sie nicht zuviel herum, sonst schmelzen die Schokoladenplättchen. Verteilen Sie die Masse eßlöffelweise auf einem mit Backpapier abgedeckten Servierteller (denn schließlich wollen Sie den Teller ja nicht auch noch spülen, oder?), und stellen Sie sie in den Kühlschrank. Wenn sie erkaltet sind, nehmen Sie sie vom Backpapier und verstauen sie in einer Plätzchendose. Stellen Sie sie kühl, damit sie nicht schmelzen und aneinanderkleben.

Ergibt 60 Plätzchen

4. JULI-PICKNICK

Molotow-Cocktails
Hühnchen im Karoffelchipmantel
Böller-Cannoli

Der 4. Juli, unser amerikanischer Unabhängigkeitstag, bedeutet für mich nicht nur Patriotismus, Besuch bei Muttern und Apfelstrudel. Nein, er bedeutet für mich auch Feuerwerksraketen, Wunderkerzen, Römisches Feuer und ein riesiges Geböller. Ach, was bin ich immer wieder begeistert, wenn die Sanitäter die ganzen Verletzten abtransportieren. Das ist noch besser als Fernsehen. Und deshalb ist dies hier auch mein Picknick-Menü. Wer würde denn an so einem wunderbaren Tag im Haus bleiben?

Molotow-Cocktails

Hier haben Sie die Wahl. Entweder machen Sie diese Cocktails so, daß sie sagenhaft aussehen, oder Sie machen sie so, daß sie schmecken. »Sagenhaft aussehen« bedeutet, daß Sie den nächtlichen Himmel mit einem Tablett brennender Cocktails erleuchten; »schmecken« bedeutet, daß Sie nicht den ganzen Alkohol einfach nur in die Luft pulvern. Form oder Inhalt – Sie haben die Wahl. Was mich betrifft, so genehmige ich mir lieber etwas Steifes, wenn ich mir schon die ganze Arbeit gemacht habe, eine Party zu organisieren. Und wenn ich das nicht kriege, dann entscheide ich mich eben für einen ordentlich steifen Drink.

Auf jeden Fall sollten Sie die Cocktails aber nur dann anzünden, wenn Sie auch hitzebeständige Gläser haben. Pappbecher sind hier definitiv nicht angesagt. Und wenn Sie die Partykönigin des Jahres werden wollen, dann bereiten Sie die Eiswürfel aus Orangensaft vor, damit der Geschmack nicht verwässert wird, wenn sie schmelzen.

¼ l süßer Wermut
¼ l Cointreau oder Grand Marnier
½ l Wodka

2 geviertelte Orangenscheiben
Zimt

Mixen Sie den Wermut, den Likör und den Wodka, und füllen Sie ihn in acht hitzebeständige Weingläser. Reihen Sie die Gläser auf einem Tablett auf, zünden Sie jeden Drink an, und lassen Sie eines Ihrer Kinder (das mit den kurzen Haaren) das Tablett hinaustragen. Wenn das Feuer erloschen ist, werfen Sie in jedes Glas ein paar Eiswürfel, legen eine geviertelte Orangenscheibe darauf und geben ein bißchen Zimt darüber.

Ergibt 8 Gläser

Hühnchen im Kartoffelchipmantel

Können Sie sich eigentlich vorstellen, daß es tatsächlich Frauen gibt, die stundenlang vor dem heißen Herd stehen und für ihre Familie kochen? Lachen Sie nicht, so etwas kommt wirklich vor! Erst letzte Woche habe ich eine im Fernsehen gesehen, und ich sage Ihnen, die sah vielleicht *alt* aus. Aber das ist ja auch kein Wunder. Diese ewige Hitze trocknet doch die ganze Brustmuskulatur aus, die den Busen oben hält.

Wie Sie wahrscheinlich schon vermutet haben, vertrete ich die Philosophie, so wenig Zeit wie möglich in der Küche zu verbringen. Das entspricht in etwa Als Philosophie im Schlafzimmer. Also, wenn ich es schaffen könnte, so schnell in die Küche hinein und wieder hinauszukommen wie ... na ja, Schwamm drüber ... es lohnt nicht. Tränen über vergossene ...

Das entscheidende bei diesem Rezept ist jedenfalls, daß Sie das Hähnchen im Ofen schmoren und es trotzdem schmeckt wie gegrillt. Ist Ihnen eigentlich schon aufgefallen, bei wie vielen

von meinen Rezepten ich meine Familie an der Nase herumführe? Ausgezeichnet! Sie machen also Fortschritte.

180 g aufgetautes Limonadenkonzentrat
¼ l italienisches Salatdressing
2 Eßlöffel Senf
1 Teelöffel Worcestersauce
1 Hühnchen (ca. 1800 g), in Portionsstücke zerkleinert
2 Eßlöffel zerlassene Butter
100 g zerkrümelte Kartoffelchips

Verrühren Sie in einer großen Schüssel die Limonade mit dem Salatdressing, dem Senf und der Worcestersauce. Geben Sie die Hühnchenteile hinein, und wenden Sie sie dann, damit sie vollkommen mariniert werden. Dann stellen Sie sie mitsamt der Marinade zwei bis drei Stunden in den Kühlschrank. Wenn Sie Lust dazu haben, können Sie die Hühnchenteile auch ein- oder zweimal wenden, aber warum sollten Sie dazu Lust haben?

Heizen Sie den Ofen auf 180 °C vor. Tupfen Sie das Hühnchen mit Küchenpapier trocken, oder blasen Sie mit einem Fön darauf. Die Marinade können Sie jetzt wegwerfen.

Geben Sie die Butter in eine flache Auflaufform und schieben Sie sie in den Ofen. Wenn die Butter geschmolzen ist, holen Sie die Auflaufform wieder heraus und legen die Hühnerteile hinein. Wenden Sie sie in der Butter, so daß sie überall gleichmäßig eingefettet sind. Dann geben Sie die Kartoffelchips darüber und drücken sie vorsichtig in die Haut der Hühnchenteile. Etwa eine Stunde schmoren, bis das Hühnchen gar ist. Heiß oder wenigstens warm servieren.

Ergibt 4 Portionen

Böller-Cannoli

Das Problem bei diesem Rezept ist, daß man dafür Cannoli-Röhrchen braucht. Und jetzt versuchen Sie mal, die im Supermarkt zu bekommen! Aber Sie haben ja bestimmt schon mal von der Kunst des Improvisierens in der Küche gehört – und damit sind Sie jetzt an der Reihe. Schnappen Sie sich eine Bügelsäge, und holen Sie die Kleiderstange aus dem Schrank. Jetzt stellen Sie sich doch nicht so an! Seit Monaten nerven Sie Ihren Mann doch schon damit, daß Sie einen neuen Kleiderschrank wollen.

Also verabschieden Sie sich von dem häßlichen alten Stab (natürlich nicht von dem Ihres Mannes!), und wenn der (ihr Mann) sich dann später mit der Hand in der Hose zurücklehnt und Ihnen dadurch zu verstehen gibt, wie gut der Nachtisch war, dann überreichen Sie ihm einen Prospekt von Möbel Franz.

125 g gesiebtes Mehl
4 Eßlöffel braunen Zucker
2 Eßlöffel Sherry, Muscatel oder anderen Südwein
2 große Eier
Pflanzenöl
100 g frische oder tiefgekühle Erdbeeren, in kleine Stücke geschnitten
1 Rezept Cannoli-Füllung (nächstes Rezept)
12 Maraschino-Kirschenstengel

Geben Sie das Mehl und den Zucker in eine Schüssel und vermischen beides mit den Fingern, bis es keine Klümpchen mehr gibt. Dann drücken Sie die Mischung an den Seiten hoch, so daß in der Mitte ein tiefes Loch entsteht (so wie das dunkle

Loch, das in Ihrem Leben klafft).

Verquirlen Sie leicht den Wein und das Ei, bis das Eigelb zerplatzt ist, und geben Sie die Flüssigkeit dann in die Mitte der Schüssel. Verrühren Sie die Mehlmischung mit dem Ei, bis eine homogene Masse entstanden ist. Danach werfen Sie den Teig auf ein Küchenbrett oder schmeißen ihn ein paarmal gegen die Wand, um ihn weich zu kneten. Schauen Sie nach, ob Sie nicht zufällig mit dem Teig ein paar Kakerlaken erlegt haben, und rollen ihn dann zu einer Kugel, die Sie in Klarsichtfolie wickeln und für mindestens zwei Stunden kühl stellen. Im Kühlschrank hält der Teig sich zwei Tage.

Geben Sie so viel Öl in eine große Kasserolle, daß es etwa fünf cm hoch steht. Tauchen Sie die Cannoli-Röhren hinein, und legen Sie sie zur Seite. Erhitzen Sie das Öl auf etwa 120 °C. Ob es heiß genug ist, stellen Sie fest, wenn Sie ein Brotstückchen hineinwerfen und es sofort zu brutzeln beginnt. Schneiden Sie den Teig in zwei Teile, verpacken Sie eine Hälfte und legen Sie sie zurück in den Kühlschrank.

Den restlichen Teig schneiden Sie in sechs Teile. Mit einer bemehlten Nudelrolle rollen Sie auf einem bemehlten Brett ein Teigstück zu einem etwa 8x6 cm großen Rechteck aus (oder so groß, wie Ihre Cannoli-Röhrchen sind). Das Rechteck muß breit genug sein, daß, wenn Sie es um das Röhrchen wickeln, noch ein wenig Teig überlappt. Beim Einwickeln bestreichen Sie den überlappenden Streifen mit etwas Wasser und drücken die beiden Enden fest zusammen, damit sie wirklich fest aneinander haften. Danach rollen Sie das Röhrchen leicht zwischen den Händen, damit der Teig weich wird. Machen Sie so viele Cannoli, wie Sie Röhrchen haben.

Ziehen Sie einen dicken Topfhandschuh an, und lassen Sie die Cannoli vorsichtig in das Öl gleiten. Fritieren Sie sie, bis sie rundherum braun sind. Wenn sie auf der Oberseite braun werden, wenden Sie sie einmal. Danach holen Sie die fertigen Cannoli mit einer Küchenzange oder mit zwei Holzspießchen aus dem Öl und legen sie zum Abtropfen auf Küchenpapier, bis sie soweit abgekühlt sind, daß Sie sie anfassen können. Achten Sie darauf, daß Sie auch das Öl aus dem Innern haben ablaufen lassen. Danach halten Sie das Röhrchen mit einer Zange fest und streifen die Cannoli ab, damit Sie das Röhrchen wiederverwenden können. Wenn sie sich nicht abstreifen läßt, halten Sie das Röhrchen fest und drehen vorsichtig an der Cannoli, bis sie sich löst.

Backen Sie auf diese Weise alle 12 Cannoli-Hüllen aus und lassen Sie sie abkühlen. Ungefüllte Cannoli halten sich in einem verschlossenen Behälter bei Zimmertemperatur bis zu zwei Tagen.

Kurz vor dem Servieren geben Sie die Früchte in die Cannoli, aber ohne sie zu zermanschen, es sei denn, Sie stehen auf den entzückenden Braunton, der beim Mischen von Rot und Purpur entsteht. Mit einem Löffel geben Sie die Füllung in die Cannolis. Danach stecken Sie einen Kirschstengel hinein, damit sie aussehen wie Knallfrösche.

Ergibt 12 Cannolis

Cannoli-Füllung

900 g vollfetten Ricotta
4 Teelöffel Vanilleextrakt
25 g gesiebten braunen Zucker

Verrühren Sie alles in einer Schüssel, bis eine glatte Masse entstanden ist. Decken Sie die Schüssel mit Klarsichtfolie ab, und stellen Sie sie kühl. Die Füllung hält sich bis zu zwei Tagen.

GEBURTSTAGSPARTY FÜR AL

»Der Speck der mittleren Jahre« Bundy-Biskuitkuchen

Wieder ist ein Jahr rum, und immer noch kein Dollar mehr im Portemonnaie. Und wieder einmal ist Al im Marathon des Lebens gegen die Wand gelaufen.

Wenn Sie sich schon die Mühe machen, für Ihren Mann eine große Geburtstagsfete zu schmeißen, dann sollten Sie wenigstens dafür sorgen, daß er keinen Spaß daran hat. Sie selbst müssen schließlich auch ein bißchen was von der Sache haben. Und außerdem, wenn er sich amüsiert, dann erwartet er so etwas in Zukunft jedes Jahr von Ihnen.

Wenn er sich darüber freut, daß doch tatsächlich ein paar Leute aufgetaucht sind, dann erklären Sie ihm, daß die nur wegen des Essens da sind. Wenn sie Geschenke mitbringen, dann machen Sie ihn darauf aufmerksam, daß die weniger gekostet haben als das Eis, das er selbst zum Kühlen der Getränke besorgt hat. Und wenn er sich dann noch mit der Tatsache tröstet, daß sein Leben erst zur Hälfte vorbei ist, dann erinnern Sie ihn daran, daß er mit einem Körper, der dermaßen hinüber ist, keine Chance mehr hat, eine Frau kennenzulernen, die besser aussieht als Sie selbst.

Wenn Sie sich aber richtig amüsieren wollen, dann planen Sie ein wirklich teures Menü mit lauter Zutaten, die Ihr Mann nicht ausstehen kann, zum Beispiel mit Krabben. (Schon die Symbolik, die darin liegt, ist das Geld wert.) Und haben Sie keine Hemmungen, ein bißchen deutlich zu werden. Ihr Mann wird schon wissen, was Sie meinen, wenn Sie den Dip auf den Namen taufen:

»Der Speck der mittleren Jahre«

½ Pfund Frischkäse
200 g gekochte Krabben
8 Eßlöffel saure Sahne
2 ½ Teelöffel Worcestersauce
1 Teelöffel Muskat
Tabasco, Salz und Pfeffer nach Belieben

Pürieren Sie den Frischkäse, die Krabben, die saure Sahne und den Zitronensaft mit dem Zauberstab. Klar, Sie können natürlich auch eine Küchenmaschine dafür nehmen, wenn Sie sich zum Geburtstag Ihres Mannes eine schenken lassen. Mixen Sie so lange, bis alles glatt verrührt ist, von den Krabben aber noch kleine Bröckchen übrig sind. Fügen Sie so viel Tabasco, Salz und Pfeffer hinzu, wie Sie mögen.

Ergibt eine mittelgroße Schale

Bundy-Biskuitkuchen

Es soll ja tätsächlich Leute geben, die glauben, daß man solche Sachen wie Eier, Zucker und Mehl wirklich selbst kaufen muß. Und ich wette, diese Leute würden auch glauben, daß dies hier ein echter Biskuitkuchen ist.

Zuerst nenne ich Ihnen die Zutaten, die Sie von Ihren Nach-

barn schnorren müssen. Wenn Sie dann noch Lockenwickler tragen, kriegen Sie sie vielleicht sogar vorbeigebracht.

5 große Eier, getrennt, + Eiweiß von einem großen Ei
½ Teelöffel Mandelextrakt
1 Teelöffel Vanilleextrakt (Lassen Sie sich aber bloß kein Vanillin andrehen. Bestehen Sie auf echter Vanille!)
125 g Zucker
¼ Teelöffel Salz
½ Teelöffel Backpulver
1 ½ Teelöffel Vanillezucker
150 g gesiebtes Mehl

Heizen Sie den Ofen auf 180 °C vor. Fetten Sie eine Springform ein: Am einfachsten geht das mit Sprühfett aus der Dose. Sie können auch Vaseline nehmen, wenn Sie noch welche haben. Vergessen Sie nicht, auch im Schlafzimmer nachzuschauen.

Schlagen Sie die Eigelbe, bis sie alle aufgeplatzt sind. Rühren Sie Mandel- und Vanilleextrakt, Salz, Backpulver und schließlich den Zucker hinein, bis eine homogene Masse entstanden ist.

Quirlen Sie das Eiweiß steif, und streuen Sie den Vanillezukker darüber. Ungefähr so habe ich mir vorgestellt, dereinst Als Asche über der Karibik auszustreuen, wenn ich seine Lebensversicherung einkassiert habe und meine große Urlaubsreise antrete.

Gießen Sie die Eigelbmischung in die Mitte des geschlagenen Eiweiß. Dann rühren Sie vorsichtig mit einem Gummispachtel durch die Eigelbmischung und heben das Eiweiß vom Schüsselboden unter. Rühren Sie vorsichtig immer von der Mitte aus, und drehen Sie die Schüssel dabei jeweils ein bißchen, bis der Teig keine weißen Streifen mehr hat. Danach rühren Sie auf die gleiche Weise das Mehl ein, und zwar nacheinander jeweils ein Drittel. Rühren Sie nicht zu heftig, sonst fällt das Eiweiß genauso schnell in sich zusammen wie mein Leben.

Gießen Sie den Teig in die Springform, und backen ihn etwa 50 Minuten. Ob der Kuchen wirklich gar ist, überprüfen Sie, indem Sie einen Spieß hineinstechen, an dem beim Herausholen kein Teig mehr kleben darf. Dann legen Sie eine umgedrehte Kuchenplatte auf die Form, ziehen Küchenhandschuhe an, drücken die Form und die Platte gegeneinander und stürzen das Ganze, so daß die Kuchenplatte sich jetzt unten befindet. Lassen Sie den Kuchen zunächst abkühlen, und lösen Sie dann die Springform.

Später zünden Sie noch eine Kerze an, servieren den Kuchen und zerren (in meinem Fall) Al von der kleinen Nymphe weg, der er schon die ganze Zeit weiszumachen versucht, er sei von Beruf *Showstar*. Dann unbedingt sofort ein paar Schritte zurücktreten, denn wenn Al eine Kerze ausbläst, ist das so, als säße man auf der Wildwasserbahn in Disneyland im ersten Wagen. Es ist ja wirklich zu dumm, daß keiner der Gäste nassen Kuchen mag, aber dafür können Sie ihn am nächsten Tag ganz allein verputzen.

Ergibt 8 Portionen

»Kriegst du an Weihnachten nicht auch immer so ein sentimentales Gefühl? Ich nämlich auch nicht.«
– Al

FRÖHLICHE BUNDY-WEIHNACHT

Weihnachtsschmuck/Dessert-Kombination
Pizza-Dominosteine
Hackbraten-»Kuchen« mit Kartoffelpüree-»Guß«

Weihnachtsschmuck/Dessert-Kombination

Eigentlich wollte ich ja dieses Weihnachten Früchtekuchen servieren – den haben wir schon im Familienbesitz, seit Als Onkel Righty gerade eben noch die besten Sachen aus Al Capones Höhle geholt hat, kurz bevor Geraldo der ganzen Sache dann ein Ende gemacht hat. Aber Bud hatte ihn schon als altägyptischen Hämorrhoidenring ans Museum verkauft. Also habe ich statt dessen dieses Kunstwerk kreiert. Gar nicht so übel für anderthalb Minuten Arbeit . . . außer natürlich, man probiert es.

1 Zeitung
Tesa-Film
Frischkäse
Corn-flakes

Rollen Sie die Zeitung zu einem Kegel zusammen, und kleben Sie sie zu. Stellen Sie sie auf ein kleines Tablett oder auf ein Stück Sperrholz. Danach streichen Sie etwa so viel Frischkäse darauf, wie die Weihnachtsausgabe der *Cosmopolitan* dick ist. Dann drücken Sie so lange Corn-flakes in den Käse, bis er ganz damit bedeckt ist (ohne die Corn-flakes dabei zu zerbröseln). Den Rest des Käses verteilen Sie auf dem Tablett, das sieht dann aus wie Schnee. Stellen Sie Ihre Kreation in die Mitte des Tisches, damit alle Ihre Lieben den ganzen Tag lang daran ihre Freude haben.

Pizza-Dominosteine

Ich weiß gar nicht, warum manchen Leute glauben, die Bundys hätten keinen Sinn für Feiertage. Was könnte denn noch weihnachtlicher sein als eine rotgrüne Pizza? Nein, ich meine nicht die schimmelgrüne, die schon ein paar Tage hier zu Hause herumliegt – ich rede von einer Salamipizza mit ein bißchen von diesem kleingeschnittenen Grünzeug (Sie wissen schon, Gemüse und Kräuter). Und das beste ist, man muß nicht einmal besonders viel kochen.

Schneiden Sie einige Pizzareste in Quadrate, die etwa die Größe von Dominosteinen haben. Dann legen Sie je zwei Stücke mit der Belagseite aufeinander und stecken sie mit einem hölzernen Zahnstocher fest. Bunte Zahnstocher aus Plastik sehen zwar besser aus, sind aber in geschmolzenem Zustand nur schwer wieder von den Zähnen zu kriegen.

Gießen Sie so viel Oliven- oder Pflanzenöl in eine Kasserolle, daß es die Dominosteine bedeckt, und erhitzen Sie es auf großer Flamme, bis das Öl anfängt zu qualmen. Nun geben Sie vier oder fünf Dominosteine mit dem Zahnstocher nach oben in das heiße Öl, und fritieren sie etwa eine halbe Minute lang, bis die Tomatensauce, die an der Seite herausquillt, knusprig braun geworden ist. Holen Sie die Pizzastücke am Zahnstocher wieder aus dem Öl und lassen Sie sie auf Küchenpapier abtropfen, während Sie Ihre übrigen »Dominosteine« fritieren.

Nun schichten Sie die Dominosteine so kunstvoll übereinander, daß es aussieht, als würde sofort der ganze Turm zusammenfallen, sobald jemand auch nur ein einziges Stück wegnimmt. Das wird keiner wagen, und Sie haben später mehr für sich allein. Wenn Al sich dann in den Wochen danach beklagt, daß er noch nicht einmal mehr weiß, wie Wurst überhaupt schmeckt, bekommt er jedesmal einen Zahnstocher mit, an dem er auf dem Weg zur Arbeit lutschen kann.

Hackbraten-»Kuchen« mit Kartoffelpüree-»Guß«

Immerhin ist ja schließlich Weihnachten, da können Sie also auch ruhig mal etwas Besonderes für Ihre Lieben machen. Aber vermutlich haben Sie viel zuviel Zeit damit verplempert, für sich selbst einzukaufen. Es gibt praktisch nichts mehr zu beißen im Kühlschrank, und an der Imbißbude läßt man Sie auch nicht mehr anschreiben. Was nun?

Hier kommt eine Methode, wie Sie trotzdem den Weihnachtstag ein bißchen festlich gestalten können: ein Hackbraten, der wie ein Kuchen aussieht! Das ist nun wirklich einmal ein flexibles Rezept. Sie haben keine Semmelbrösel? Dann nehmen Sie statt dessen einfach zerriebene Kräcker. Keine Zwiebeln? Dann nehmen Sie statt Semmelbröseln eben Zwiebelkräcker. Sie haben auch keinen Sellerie und keine Peperoni mehr? Na und? Das Zeug mag doch sowieso keiner? Was, Sie haben noch nicht einmal Fleisch oder Kartoffeln? Jetzt reicht's aber. So flexibel ist dieses Rezept nun auch wieder nicht.

Wenn Sie dem Gericht einen ganz besonderen Touch geben wollen, dann färben Sie den Kartoffelpüree-Guß festlich. Da wir hier von Weihnachten sprechen, nehmen Sie rote Lebensmittelfarbe und färben rote Streifen in den Guß. Ostern machen Sie ihn blau. Pfingsten grün und an Ihrem Hochzeitstag schwarz.

Hier aber noch ein Tip zum Geldsparen: Bei Lebensmittelfarben gibt es ziemlich gute Angebote, wenn das Zeug wegen giftiger Zusätze gerade vom Markt genommen werden soll.

2 Pfund Rinderhack
8 Eßlöffel Semmelbrösel
2 große Eier
4 feingehackte Zwiebeln
1 knappen Teelöffel mildes Chilipulver oder edelsüßen Paprika
1 Teelöffel Salz oder mehr nach Belieben
½ Teelöffel weißer Pfeffer oder mehr nach Belieben
7 Eßlöffel Worcestersauce
2 Eßlöffel Ketchup
100 g feingehackte Sellerie
100 g grob gehackte Peperoni
1 Pfund geschälte und in Würfel geschnittene Kartoffeln
⅛ l Sahne
6 Eßlöffel weiche Butter
Lebensmittelfarbe

Heizen Sie den Ofen auf 180 °C vor. Kneten Sie in einer großen Rührschüssel das Rinderhack, die Semmelbrösel, Eier, die Zwiebeln, das Chilipulver, Salz, Pfeffer, 4 Eßlöffel Ketchup, die Worcestersauce, den Sellerie und die Peperoni mit den Händen gut durch. Geben Sie die Masse in eine Kastenform mittlerer Größe, und drücken Sie sie fest.

Dann kommt der Hackbraten in den Ofen. Nach 30 Minuten gießen Sie den Bratensaft ab und verteilen drei Eßlöffel Ketchup auf dem Braten. Danach schieben Sie ihn nochmals für 40 Minuten zurück in den Ofen. Nach 20 Minuten gießen Sie die restliche Mistbrühe aus der Form ab.

Während das Hack brät, kochen Sie die Kartoffeln so weich, daß sich ein Zahnstocher leicht hindurchstecken läßt. Dann gießen Sie sie in ein Sieb, lassen das Kochwasser abtropfen und zerstampfen sie in einer Schüssel mit der Sahne, der Butter sowie Salz und Pfeffer nach Belieben. Verrühren Sie alles, und geben Sie dann tröpfchenweise die Lebensmittelfarbe hinzu, bis das Püree genau die gewünschte Farbe hat. Dann decken Sie die Schüssel mit Folie ab und stellen sie beiseite.

Heben Sie den Hackbraten mit einem Pfannenheber aus der Form und lassen ihn auf Küchenpapier abtropfen. Dann stellen Sie ihn auf eine Servierplatte und plazieren unter allen vier Seiten je einen Streifen Wachspapier, von dem mindestens die Hälfte herausgucken sollte. Sie bestreichen den Hackbraten mit dem Kartoffelpüree und ziehen die Papierstreifen anschließend heraus. Denn denken Sie daran: sauber kommt weiter. (Ich wünschte, das könnte ich von Kelly auch sagen.) Sofort servieren

Ergibt 6 Portionen

Du liebe Güte, was war ich überrascht, als meine Nachbarin Marcy geradezu darauf bestand, mir bei meinem Kochbuch zu helfen. Als wahre Geste der Freundschaft hätte ich es empfunden, wenn sie den Abwasch für die fünfzig anderen Rezepte übernommen hätte. Aber statt dessen bekam ich das hier.

Chiffon-Kuchen »Engelsflügel« mit rosa »Altweibersommer«-Guß

von

Ms. Marcy Rhoades

Ehemalige Leiterin der Kreditabteilung
der Kyoto Nationalbank
Ihre Einlagen sind bis zu einer Summe von $100 000 versichert!

Zunächst möchte ich meiner lieben Freundin Peggy dafür danken, daß sie mir die Gelegenheit gegeben hat, einen Beitrag zu diesem Buch zu leisten. Ich komme nicht umhin zuzugeben, daß ich überrascht war, als ich von ihr erfuhr, daß sie ein Kochbuch zusammenstellt, dessen Reinerlös für die Stiftung *Rettet die Seekühe* bestimmt ist. Aber wie ich immer sage: Jeder Mensch hat einen guten Kern – sogar Peggy. Oder etwa nicht?

Mein Chiffon-Kuchen »Engelsflügel« ist eine wunderbare lokkere, große und schön aussehende Köstlichkeit. Er steht für das Ideal der gesunden Ernährung und drückt in seinem ganzen

Wesen eine Verehrung für das Leben an sich aus. Anstatt Butter verwende ich Pflanzenöl, da es erstens viel gesünder ist und ich zweitens fest davon überzeugt bin, daß man Kühe nicht in einem Stand der Sklaverei halten sollte, nur damit sie den Launen der Menschheit zu Diensten sind.

Eier dagegen kann man ruhig verwenden. Hühner haben nicht diese großen braunen Augen – ein Zeichen dafür, daß ihnen die Sensibilität der höher entwickelten Säugetiere fehlt. Auch verwende ich ausschließlich ungebleichtes Mehl – in unserem Haushalt wird man all diese fürchterlichen Weißmacher vergeblich suchen. Außerdem nehme ich nur braune Eier, denn die sind naturbelassen.

Leider jedoch ist man gelegentlich gezwungen, seine Ideale hintanzustellen. Einmal habe ich dieses Rezept mit nichtraffiniertem Zucker und ohne Meersalz ausprobiert, aber als Steve den Kuchen dann probierte, hatte sein kleines Gesichtchen einen so enttäuschten Ausdruck, daß ich mir fest vornahm, ihn niemals, niemals wieder so unglücklich zu machen. Ich weiß natürlich selbst, daß Vanillezucker irgendein chemisches Zeug ist, aber versuchen *Sie* einmal, einen Kuchen ohne Vanillezucker zu backen.

genau 38 Eßlöffel ungebleichtes, gesiebtes Mehl
genau 24 Eßlöffel reinen Rohrzucker
3 Teelöffel Backpulver
¾ Teelöffel Salz
6 ganz besonders große braune Eier
12 Eßlöffel Evian-Mineralwasser
genau 8 Eßlöffel teures Pflanzenöl
1½ Teelöffel echtes Vanilleextrakt
½ Teelöffel Vanillezucker
für den Guß siehe nächstes Rezept

Heizen Sie den Ofen auf 180 °C vor. Spritzen Sie ein paar köstliche Tropfen Öl in zwei zueinander passende Designer-Kuchenformen (20 cm Durchmsser, 8 cm hoch). Dann drehen Sie die Formen um, so daß ihre kräftigen kleinen Hinterteile zum Vorschein kommen. Schneiden Sie ein etwa 40 cm langes Stück Backpapier ab und falten Sie es einmal, so daß es jetzt 20 cm lang ist. Dann falten sie es über die Diagonale immer weiter, bis die einzelnen Falten nur noch zwei bis drei Zentimenter breit sind. Nehmen Sie jetzt dieses gefächerte Papierdreieck, und plazieren Sie es so auf dem Boden der Kuchenform, daß die Seite mit dem Falz genau bis zur Mitte der Form reicht. Mit der einen Hand halten Sie das Papier sanft, aber entschlossen fest, während Sie mit der anderen alles abschneiden, was an der Kante übersteht. Wenn Sie das Papier jetzt entfalten, sollte eine Kreisform entstanden sein und genau in die Pfanne passen. Legen Sie es hinein, und tätscheln Sie es ein wenig an den Stellen, wo es im Öl liegt, damit es kleben bleibt. Mit der zweiten Pfanne verfahren Sie genauso. Dann nehmen Sie noch ein wenig mehr Öl und fetten damit das Papier ein, aber nicht den Rand der Kuchenform.

Jetzt wird es langsam Zeit, daß Sie Ihren Zutaten klarmachen, wer der Boß in der Küche ist. Schluß mit den Hätscheleien. Verrühren Sie gefühl-, aber auch kraftvoll das Mehl, den reinen Rohrzucker, das Backpulver und das Salz, bis sie ganz vermischt sind. Dann kitzeln sie neckisch die Eigelbe, das Wasser, das Öl und die Vanille, bis die Eigelbe vor Wonne zerfließen. Sie müssen unter Ihren Händen zittern und sich nach mehr sehnen. Doch Sie rühren sie entschlossen unter die Mehlmischung, bis das Ganze in feuchter Erwartung vor ihnen liegt. Und jetzt bringen Sie noch eine dritte Schüssel ins Spiel und schlagen darin das Eiweiß und den Vanillezucker. Jaaaa, schlagen Sie es hart und streng, machen Sie es an, bis es *ganz steif* ist.

Die Mehlmischung und das Eiweiß sind jetzt kurz vor der Vereinigung. Wälzen Sie sie hin und her in einem ständigen Auf und Ab, bis die zwei eins geworden sind. Doch dann reißen Sie sie wieder auseinander und peitschen sie in zwei getrennte Kuchenformen. Die beiden Formen jedoch werden wiedervereint im warmen, empfangsbereiten Ofen, wo sie 50 Minuten lang das Lager teilen, bis ein Spieß hart in sie hineinfährt und wie geleckt wieder herauskommt. Wenn Ihr Ofen nicht gleichmäßig heiß wird, wechseln Sie nach der Hälfte die Stellung. Dann macht die Sache sogar noch mehr Spaß.

Ziehen Sie die beiden Kuchen aus ihrer gemeinsam erlebten heißen Ekstase hin zu einem Ort, wo sich ihre Leidenschaft abkühlen kann, bis sie nicht mehr wärmer sind als die liebliche Luft, die sie umgibt. Aber früher, als Sie zu hoffen wagten, erwacht jener unaussprechliche Hunger von neuem und brennt in ihnen wie ein wütendes Feuer. Einer plötzlichen, unwiderstehlichen Begierde folgend, umfassen Sie eine glänzende Edelstahlklinge und schlitzen damit an den Außenkanten der Kuchen entlang, um einen jeden aus der Umklammerung seiner Form zu lösen.

Dann legen Sie einen Teller auf die Form, drücken die Form und den Teller fest, aber liebevoll gegeneinander und schütteln sie heftig hin und her. Unschuldig, hilflos fällt der Kuchen auf den Teller. Herrisch schälen Sie ihn aus dem Papier und entblößen so seinen verlockenden Unterleib, dann drehen Sie ihn erbarmungslos auf einen anderen Teller. Doch ihr Verlangen ist erst befriedigt, wenn Sie mit dem zweiten Kuchen ebenso verfahren sind. Sollten beide Kuchen oben herum prall und rund sein, dann beschneiden Sie den einen ganz behutsam, so daß er flach wird.

Während Sie und Ihr Kuchen sich ein letztes Mal abkühlen, versuchen Sie wieder zu Atem zu kommen und machen dann den Guß. Zuerst streichen Sie die beschnittene Schicht ein und legen dann die heile mit der runden Seite nach oben darauf. Dann streichen Sie den restlichen Guß über den ganzen Kuchen. Zünden Sie sich eine Lucky an. Es war ein heißer Vormittag.

Für 5 ahnungslose Paare

Rosa »Altweibersommer«-Guß

genau 24 Eßlöffel Zucker
genau 12 Eßlöffel Evian-Mineralwasser
Eiweiß von drei großen braunen Eiern
3 Teelöffel echtes Vanilleextrakt
¼ Teelöffel Vanillezucker
(natürliche) rose Lebensmittelfarbe

Verrühren Sie in einer mittelgroßen Designer-Kasserolle auf mittlerer Flamme etwa 30 Sekunden lang den Zucker mit dem Wasser. Dann lassen Sie die Mischung ohne Rühren aufkochen, bis sie etwa 100 °C auf dem Bratenthermometer erreicht hat. Wenn Sie kein solches Thermometer besitzen, springen Sie von der nächsten Brücke. Eine Küche ohne ein Bratenthermometer kann nur einer völligen Versagerin gehören. (Hinweis nur für Peg: Um die Temperatur zu überprüfen, hältst du eine Gabel zuerst in die Kasserolle und tauchst sie dann in kaltes Wasser. Wenn sie beim Herausnehmen lange Fäden zieht, stimmt die Temperatur.)

Während der Zucker kocht, schlagen Sie das Eiweiß, bis es auf der Oberfläche lauter kleine Blasen wirft. Fügen Sie die Vanille und den Vanillezucker hinzu und schlagen Sie weiter, bis das Eiweiß steif ist und nicht mehr glänzt. Stellen Sie es zunächst zur Seite.

Wenn der Zucker fertig ist, schlagen Sie das Eiweiß nochmals. Dabei gießen Sie langsam und unter ständigem Rühren die Zuckerlösung hinein. So verfahren Sie weiter, bis Sie den ganzen Zucker zugegeben haben, der Guß abgekühlt ist und schon beginn steif zu werden.

»Hallo? Ist dort der Pizza-Blitz?«
– Peg

Feinschmecker-Menüs in sechs Minuten

Ich gehöre nicht zu den Schwachsinnigen, die an ein Buch wie *Feinschmecker-Menüs in sechzig Minuten* glauben wie an die Bibel. Ja, erwartet man denn vielleicht von mir, daß ich mein ganzes Leben in der Küche verbringe? Von allem, was man nicht auch in sechs Minuten hinkriegt, läßt man am besten gleich die Finger. Leider glaubt Al, dies bezöge sich auf sämtliche Lebensbereiche.

Die Rezepte in diesem Kapitel sind superschnell zu kochen. Zugegeben, in den bisherigen Kapiteln stand allerhand Zeug für besondere Gelegenheit, aber hier geht es jetzt um das ganz alltägliche Leben. Sie müssen lernen, Ihre Zeit einzuteilen. Etwas, das schwierig aussieht, dürfen Sie nur dann machen, wenn jemand zuschaut.

Außerdem lernen Sie hier, schnell etwas auf den Tisch zu bringen, ganz besonders dann, wenn Sie es in dem Behältnis belassen, in dem Sie es gekocht haben. Stellen Sie einfach den

Topf auf den Tisch, aber legen Sie ein Buch aus der Leihbücherei unter, damit die Wachsdecke nichts abbekommt. Wenn Sie Gäste haben, rufen Sie schon beim Hereinkommen mit französischem Akzent: »Attention. Die Topf ist serr 'eiß!« Damit lassen Sie die Leute wissen, daß Sie besonderen Wert darauf legen, die Mahlzeiten grundsätzlich warm auf den Tisch zu bringen und daß die Franzosen es auch immer so machen. (Ich war vielleicht überrascht, als ich herausfand, daß das wirklich stimmt!) Das Problem ist, daß Al mir nicht mehr glaubt, wenn ich ihm erzähle, daß die Franzosen bestimmte Dinge so oder so machen. Nach wie vor rennt er jedesmal schreiend aus dem Schlafzimmer, sobald ich die Folies-Bergère-Suite von *Ralph's Moulin Rouge Hotel für Erwachsene* in Gary zur Sprache bringe.

Baisers à la Fernbedienung

Dieses Rezept ist der Inbegriff all dessen, worum es in diesem Kapitel geht – Kochen im Schlaf. Manchmal bin ich so umwerfend gut, daß es mich selbst erschreckt. Auf jeden Fall erschreckt es Al, aber es trifft ihn nicht mehr so hart wie früher. Leider trifft Al seinerseits mich auch nicht mehr so hart, wenn Sie verstehen, was ich meine.

Dies ist ein Plätzchen-Rezept. Man kann damit aber ebensogut auch kleine Schälchen für Eiscreme oder ähnliches Zeug machen, wenn Sie der Typ Frau sind, der sich darüber Gedanken macht, ob das Klopapier farblich auch zum Badezimmer paßt, und jede Woche den Aschenbecher ausleert, selbst wenn er erst halb voll ist. Sie wissen ja sicher, was ich meine, oder? Da dies ja nur ein Buch ist, tun wir mal so, als ob es um diese Schälchen ginge.

Eiweiß von vier großen Eiern
½ Teelöffel Vanillezucker
2 Teelöffel Vanilleextrakt
150 g Puderzucker
4 Eßlöffel zerkrümelte Mais-Schokoriegel

Heizen Sie den Ofen auf 220 °C vor. Decken Sie zwei Backbleche mit zwei Stücken von einer brauen Papier-Einkaufstüte ab. Sie können natürlich auch losmarschieren und dieses Zeug kaufen, das die Leute Backpapier nennen. Aber warum sollten Sie extra wegen etwas in den Supermarkt rennen, was Sie schon zu Hause haben, wenn Sie nur den Müll wieder auskippen?

Malen Sie auf jedes Stück Papier sechs 15 cm große Kreise. Dann geben Sie das Eiweiß, den Vanillezucker und die Vanille in eine Schüssel und mixen das Ganze wie verrückt durch, bis ein Haufen Schaum entstanden ist. Geben Sie den Puderzukker hinzu, und mixen Sie nochmals kräftig durch, bis ganz steife Häubchen entstehen – ungefähr so wie die, mit denen ich todsicher 1975 Miss Chicago geworden wäre, wenn ich wegen Al nicht vorher die Teilnahmebedingungen gebrochen hätte. Dann rühren Sie den Zucker ein, ganz sanft, damit die Baisermasse nicht in sich zusammenfällt wie alle meine Träume.

Löffeln Sie die Masse auf die zwölf Kreise. Mit der Rückseite des Löffels glätten Sie jeden Kreis so, daß er in der Mitte flach ist und am Rand ein bißchen hochsteht. Schieben Sie die Baisers in den Ofen und schalten den Ofen aus, sichern Sie die Ofenklappe mit einem Vorhängeschloß, und gehen Sie ins Bett. Sie können die Baisers am nächsten Morgen herausnehmen oder schon nach vier Stunden, wenn im Nachtprogramm ein Arnold-Schwarzenegger-Festival läuft.

Ergibt 12 Schälchen

Kombi-Apfelmus

Dieses Rezept habe ich damals erfunden, als Kelly mit einem geliehenen offenen Coupé gegen einen Baum krachte und die ganzen Äpfel auf den Vordersitz fielen. Wir hätten uns ja erboten, für den Schaden aufzukommen, aber Kelly war damals erst dreizehn, und außerdem wußte sie nicht einmal, wem der Wagen gehörte. Das arme Kind hatte ein solches Trauma, daß sie schwor, sie würde ab jetzt im Auto nur noch auf der Hinterbank sitzen.

Da hatte ich nun also all diese angematschten Äpfel und dachte mir, es könnte doch nicht schaden, wenn ich zur Abwechslung einmal ein richtiges Hausmütterchen spiele. Also habe ich Apfelkompott und Apfelpfannkuchen und Bratäpfel und lauter so ein Zeug gemacht, bis ich keine Äpfel mehr sehen konnte. Aber es waren immer noch so entsetzlich viele Äpfel übrig, und alle schienen sie mir mit ihren kleinen Stengelchen wie wild zuzuwinken.

Völlig erschöpft und überwältigt, wie ich war, schoß es mir plötzlich wie ein Blitz durch meinen wirren Kopf, daß ich eine Sache vollkommen vergessen hatte – APFELSTRUDEL! Als ich noch ein kleines Mädchen war, hat meine Familie, wie so viele amerikanische Familien in den fünfziger Jahren, jeden Kontakt zum Landleben verloren. Wenn man einen Kuchen wollte, dann ging man eben einen kaufen. Ich war schon fünfundzwanzig, als ich eines Tages erfuhr, daß man Apfelkuchen auch aus Äpfeln machen konnte. Stellen Sie sich nur meine Überraschung vor!

Wenn Sie immer etwas von diesem Apfelmus im Haus haben, können Sie jederzeit ohne viel Arbeit ein deftiges warmes Mittagessen, braunen Schnee (nächstes Rezept) oder einen falschen Apfelstrudel machen. Wenn Sie bei letzterem übrigens einen richtig miesen Kuchenteig zusammenmixen, dann ißt kein Mensch ein Stück, und Sie können ein und dasselbe Apfelmus immer und immer wieder verwenden.

Sie können das Mus natürlich auch einfach so servieren oder mit Schlagsahne auf Sandkuchen oder Mürbeteig. Und so machen Sie ihn:

60 g Butterflöckchen
1 Kilo geschälte und in dünne Scheiben geschnittene Äpfel
¼ Teelöffel Ingwer
¼ Teelöffel Muskat
¾ Teelöffel Currypulver
150 g Raffinadezucker
12 Eßlöffel braunen Zucker
12 Eßlöffel Weißwein

Zerlassen Sie die Butter auf mittlerer Flamme in einem großen Topf. Geben Sie die Äpfel hinzu, und rühren Sie hier und da, bis sie die ganze Butter in sich aufgesogen haben. Während die Äpfel dünsten, mischen Sie die Gewürze, das Currypulver und den Zucker zusammen und zerreiben die Mischung zwischen den Fingern, damit keine Klümpchen zurückbleiben.

Rühren Sie die Mischung unter die Äpfel. Geben Sie den Wein hinzu, und bringen nun das Ganze auf großer Flamme zum Kochen. Dann schalten Sie auf kleinere Flamme und lassen den Brei simmern, bis die Äpfel weich sind und ein dicker Sirup im Topf schwimmt. Bewahren Sie den Kompott in Einmachgläsern oder ähnlichem auf. Er hält sich bis zu einem Monat. Sie können ihn heiß, warm, kalt oder eisgekühlt servieren. Aber ich esse nichts davon!

Ergibt genug Kompott für einen Apfelstrudel

Brauner Schnee

Al sagt, daß von diesem Rezept der Ausdruck »Schnee von gestern« herrührt, aber ich weiß natürlich, daß er nur Witze macht – so wie ich schon damals dachte, er hätte nur einen Witz gemacht, als er mir erzählte, er hätte einen Job in diesem Geschäft angenommen. Also habe ich ihm eines Tages tatsächlich einmal echten alten Schneematsch serviert, und was soll ich Ihnen sagen – es hat ihm wirklich geschmeckt. Tja, so ist mein Al: ein wirklicher Feinschmecker unter den armen Schluckern.

Dieses Dessert ist auch für Diätbewußte zu empfehlen, weil das Eiweiß und die Gelatine das Ganze ordentlich strecken. Und wenn Ihre Dritten gerade beim Zahntechniker sind, können Sie statt Apfelscheiben auch Apfelkompott nehmen.

4 Eßlöffel heißes Wasser
1 Eßlöffel Gelatine ohne Aroma
250 g Äpfel oder kaltes oder gekühltes Apfelmus (vorhergehendes Rezept oder aus der Dose)
6 Teelöffel Zucker
Eiweiß von zwei großen Eiern
4 Teelöffel Krümel von Makronen oder Ingwerplätzchen (nach Belieben)

Gießen Sie das heiße Wasser in eine hohe Schüssel. Streuen Sie die Gelatine darüber, und lassen Sie sie eine Minute stehen, damit sie sich ein wenig auflöst. Dann verrühren Sie sie, bis eine glatte Masse entstanden ist.

Rühren Sie die Apfelscheiben oder das Kompott hinein. Die Äpfel können Sie mit den Fingern ein wenig zerbröseln, wenn Sie kleinere Stücke haben wollen. Danach rühren Sie den Zucker ein. Quirlen Sie das Eiweiß, bis es steif ist, und heben Sie es unter. Geben Sie die Masse in vier Bier oder Parfait-Gläser, wenn Ihre tote Tante Ihnen welche hinterlassen hat. Zum Kühlen in den Kühlschrank stellen und vor dem Servieren mit den Kekskrümeln bestreuen.

Ergibt 4 Portionen

Piña Colada-Erdbeereis

Sagen Sie Ihrem Mann, daß Sie ihm etwas Flottes, Lustiges und Alkoholisiertes mitgebracht haben. Dann lehnen Sie sich in Ruhe zurück und sehen genüßlich zu, wie er in Depression verfällt, sobald er merkt, daß sie damit gar nicht die »tolle Andrea« aus dem Club Med meinten.

1 Kilo aufgetaute Tiefkühlerdbeeren (ganz oder in Stükken) mitsamt dem Fruchtsaft
5 Eßlöffel braunen Bacardi
5 Eßlöffel Cointreau oder Grand Marnier
4 Eßlöffel Piña Colada-Konzentrat

Pürieren Sie sämtliche Zutaten außer einem Viertel der Erdbeeren in der Küchenmaschine oder mit dem Zauberstab. Dann rühren Sie die restlichen Erdbeeren unter, gießen das Ganze in eine Tiefkühlbox und frieren es ein. Servieren Sie das Eis mit Fruchtsalat oder auf den Baisers à la Fernbedienung.

Ergibt 10 Portionen

Rindfleisch in der Pfanne »gegrillt«

Fast alle Zutaten in diesem Rezept stammen aus chinesischen und mexikanischen Schnellrestaurants – außer dem teuren Zeug natürlich, dem Rindfleisch und dem Fruchtsaft. Na ja, eigentlich stammen in Wahrheit überhaupt nur ein paar Sachen aus den Imbißbuden, aber es ist trotzdem ein leckeres Rezept. Warum auch nicht? Chinesisches Essen ist toll, weil es schnell gar ist, und mexikanisches Essen ist toll, weil es sowieso schon fertig ist.

4 Eßlöffel Orangensaft
4 Eßlöffel Zitronensaft
3 Tütchen Sojasauce vom Chinesen
4 Eßlöffel Sesamöl
1½ Pfund tiefgefrorenes Hüftsteak
gegebenenfalls etwas Pflanzenöl
8 Maistortillas
grobes Salsa, das Sie in ein großes Sieb schütten, damit die ekelhafte Flüssigkeit abtropfen kann

Verrühren Sie in einer Schüssel die beiden Fruchtsäfte, die Sojasauce und das Sesamöl. Schneiden Sie an den Steaks das Fett ab, und stellen Sie es für später kühl. Was dann noch an Steak übrig ist, schneiden Sie es in ganz dünne Scheibchen und geben es in die Schüssel. Decken Sie die Schüssel mit Klarsichtfolie ab, und stellen Sie sie sechs bis zwölf Stunden kühl.

Erhitzen Sie auf der Kochplatte eine mittelgroße Pfanne, bis sie sehr heiß ist. Geben Sie die Hälfte des Fetts von den Steaks hinein, und rühren Sie ein bißchen, damit es schmilzt. Die nicht geschmolzenen Fettklümpchen schieben Sie an den Rand der Pfanne und geben dann die Hälfte des Fleischs hinein. Wenn das Fett sich nicht von der Pfanne löst, hätten Sie eben einen Eßlöffel Öl zugeben müssen, aber jetzt ist es vermutlich zu spät. Egal, versuchen Sie es trotzdem, zum Teufel!

Braten Sie das Fleisch auf beiden Seiten an, bis es ganz durch ist und an manchen Stellen schon häßliche schwarze Flecken bekommt. Dann nehmen Sie es mit einem Pfannenheber aus der Pfanne und braten die zweite Hälfte genauso an. Das Fett geben Sie Ihrem Mann – sobald er auch nur im entferntesten Fleisch schmeckt, wird er ganz wild vor Erregung. Wenn ich es mir recht überlege, sollten Sie ihm vielleicht auch das Fleisch überlassen. Und zwar alles.

Ergibt ansonsten 4 Portionen

Ungestürzter Ananaskuchen

Warum sollte man sich die Mühe machen, einen gestürzten Obstkuchen zu fabrizieren, wenn man ebensogut einen absolut akzeptablen Kuchen *kaufen* und entsprechend frisieren kann? So ein Verhalten verstehe ich einfach nicht?

4 Eßlöffel Butterflöckchen
8 Eßlöffel braunen Zucker
1½ Eßlöffel süße Sahne
3 Scheiben Ananas aus der Dose
1 Früchtekuchen (350 g)

Geben Sie die Butter und den Zucker in eine Mini-Pfanne. Rühren Sie auf kleiner Flamme so lange, bis der Zucker geschmolzen ist. Dann rühren Sie die Sahne ein. Nehmen Sie die Pfanne vom Herd, und verstecken Sie sie, damit Sie nicht die ganze

Zeit an der Karamelsauce naschen.

Schneiden Sie die gewölbte Oberfläche des Kuchens ab, so daß Sie eine flache Oberfläche erhalten. Zerteilen Sie die Ananasscheiben in Hälften, und trocknen Sie sie auf Küchenpapier. Dann setzen Sie den Kuchen auf ein mit Alufolie ausgeschlagenes Backblech. Stellen Sie Ihren Ofen auf Grillfunktion ein und heizen Sie ihn vor.

Legen Sie die Ananasscheiben so auf den Kuchen, daß etwa folgendes Muster dabei herauskommt: ((((((. Wenn statt dessen dieses Muster dabei herauskommt:)))))), ist das auch in Ordnung. Verstreichen Sie mit einem kleinen Küchenspachtel die Karamelsauce über die Ananasscheiben und die Kuchenseiten. Schieben Sie das Backblech auf der Höhe in den Ofen, daß die Grillschleifen sich etwa vier bis fünf cm über dem Kuchen befinden. Lassen Sie ihn zwei bis drei Minuten backen, bis der Zukker Blasen wirft. Achten Sie aber darauf, daß er nicht verbrennt.

Dann holen Sie das Ganze aus dem Ofen. Wenn etwas von der Karamelmasse auf die Alufolie getropft ist, klatschen Sie es einfach mit dem Spachtel wieder auf den Kuchen. Stellen Sie ihn auf den Tisch, damit jeder sehen kann, wie toll er aussieht, und tragen ihn dann wieder zurück in die Küche und servieren statt dessen Lutschbonbons mit Ananasgeschmack. Richten Sie sie so auf einem Servierteller an, daß sie in folgendem Muster liegen: OOOOOO.

Ergibt 6 Portionen, wenn Sie keine Lutschbonbons mehr im Haus haben

Ein Hühnchen, das sich selbst die Sauce macht

Dieses Rezept habe ich von meiner Mutter. Die wiederum hat

es von einer alten Kondensmilchdose. Und ich muß Ihnen sagen, mit diesem Menü war es wirklich Liebe auf den ersten Blick. Warum sollten Sie denn auch die ganze Arbeit allein machen? Die Zutaten können doch auch selbst ein bißchen Hand anlegen. Oder in diesem Fall wohl eher Flügel.

Außerdem ist es ein gutes Gefühl zu wissen, daß Ihre Sauce wirklich in der Heimat entstanden ist, wo doch heutzutage sonst alles nur noch aus Korea oder weiß Gott woher importiert wird.

Mom hat von diesem Gericht immer so viel gemacht, daß die ganze Familie davon satt wurde. Und dann saßen wir am Ende immer alle in der Küche und sahen ihr zu, wie sie es allein verputzte. Ich habe mich immer gefragt, wie es wohl schmeckt, aber Mom hat mir darauf jedesmal geantwortet: »Sieh du lieber zu, daß du deine gute Figur behältst, bis du dir diesen netten Hugh Hefner geangelt hast.« Aber ich hatte größere Pläne. Was waren das noch für welche?

Vielleicht werde ich dieses Rezept irgendwann auch mal an meine Tochter weitergeben . . . wenn sie bis dahin lesen kann.

2 Eßlöffel Pflanzenöl
2 Eßlöffel Butter in Flöckchen
1 zerteiltes Huhn (ca. 1500 g)
6 Eßlöffel Mehl, vermischt mit ¼ Teelöffel Pfeffer
3 kleingehackte Zwiebeln
125 g frische, kleingehackte Pilze
2 in Ringe geschnittene Selleriestangen
5 Eßlöffel Kondensmilch
1 Dose (300 g) kondensierte Champignonrahmsuppe oder Sellerierahmsuppe
4 Eßlöffel geriebenen Parmesan
1 Prise Paprika
½ Teelöffel Meerrettich

Heizen Sie den Ofen auf 220° C vor. Geben Sie das Öl und die Butter in einen großen ofenfestenTopf oder Bräter und stellen Sie ihn in den Ofen, bis die Butter geschmolzen ist. Die Hühnchenteile wälzen Sie in dem gewürzten Mehl.

Holen Sie den Bräter wieder aus dem Ofen und verrühren das Öl mit der geschmolzenen Butter. Dann packen Sie die Hühnchenteile in einer Lage mit der Haut nach unten in den Bräter. Das Mehl, das nicht an den Hühnchenteilen klebengeblieben ist, streuten Sie darüber. 30 Minuten ohne Deckel schmoren lassen.

Nun nehmen Sie die Hühnchenteile wieder aus dem Bräter und geben statt dessen die Zwiebeln, die Pilze und den Sellerie hinein. Die Hühnchenteile müssen dann wieder darauf verteilt werden, diesmal mit der Haut nach oben. Während das Hühnchen weiter schmort, verrühren Sie die Milch, das Suppenkonzentrat (ohne Wasserbeigabe), den Käse, den Paprika und den Meerrettich.

Schalten Sie die Temperatur auf 180° C herunter, und gießen Sie die Milchmischung über das Hühnchen. Danach wenden Sie die Teile in der Sauce. Legen Sie den Deckel auf den Bräter, und lassen Sie das Hühnchen weitere 15 Minuten schmoren, bis die Sauce angedickt ist.

Ergibt 6 Portionen

Wasser-Fondue

Bei diesem Rezept kochen nicht nur Ihre Gäste ihr Essen selbst, Sie bekommen auch gleichzeitig noch ein Mittagessen für den nächsten Tag frei Haus. Dazu ist es allerdings notwendig, daß Sie Ihren Gästen statt Fonduegabeln Eßstäbchen geben, damit sie ordentlich viel im Topf verlieren. Wenn Sie Glück haben, nicht nur Essen, sondern auch Ringe und wasserdichte Armbanduhren.

Das Aromapäckchen, das in der Packung mit den Glasnudeln beigelegt ist, können Sie aufheben und später irgendwann einmal über Popkorn streuen, wenn Sie keine Zeit mehr haben, ein Abendessen zu kochen, bevor der Film anfängt.

6 Eßlöffel Sake, süßen Reiswein oder süßen Sherry
1 ganz fein gehacktes Stück (ca. 3 cm) frischen Ingwer
2 Pfund mageres Rindfleisch in sehr dünnen Scheiben
8 Eßlöffel Sojasauce
1 zerdrückte oder feingehackte Knoblauchzehe
150 g Bambussprossen
250 g in kleine Stücke gezupften Spinat oder ähnliches Gemüse
8 in dünne Scheibchen geschnittene Selleriestangen
8 in dünne Scheibchen geschnittene Möhren
1 Paket Glasnudeln mit Rindfleischaroma

Verrühren Sie in einer Schüssel den Sake, den Ingwer, die Sojasauce, den Knoblauch und das Rindfleisch. Decken Sie die Schüssel mit Küchenfolie ab und lassen das Fleisch 2 – 24 Stunden im Kühlschrank marinieren.

Stellen Sie einen elektrischen Wok, einen Elektrotopf oder einen elektrischen Fonduetopf in die Mitte des Tisches, und füllen Sie ihn halb mit kaltem Wasser. Nehmen Sie das Rindfleisch aus der Marinade, und richten Sie es auf einer großen Servierplatte mit den Bambussprossen, dem Spinat, dem Sellerie und den Möhren an, jede der Zutaten auf einem eigenen Häufchen. Decken Sie die Platte mit Klarsichtfolie ab, und stellen Sie sie zu der Marinade in den Kühlschrank.

Da es als Hauptgang ja schließlich schon Steak gibt, sorgen Sie dafür, daß sich die Gäste vorher den Wanst mit irgendwelchem billigen Fraß vollstopfen, den Sie vorher auffahren. Sie haben doch sicher noch irgendwelche Reste im Kühlschrank, die Sie aus purer Faulheit noch nicht weggeschmissen haben. Wenn die Speckschwarten dann aber doch irgendwann zur Neige gehen, gießen Sie die Marinade in den Wok. Dann schalten Sie den Wok auf die höchste Stufe und stellen die Servierplatte mit dem Fleisch und Gemüse auf den Tisch. Wenn die Flüssigkeit zu kochen beginnt, schalten Sie den Wok herunter, so daß sie nur noch simmert. Jetzt können alle mit ihren Eßstäbchen oder Fonduegabeln loslegen. Wenn sie nicht kapieren, daß sie ihr Essen selbst im Wok zubereiten müssen, dann lassen Sie sie eben hungern. Selber schuld!

Sobald alle fertig sind (oder sogar noch vorher, wenn Sie auf Draht sind), schmeißen Sie alles, was übriggeblieben ist, in den Wok und tragen ihn in die Küche. Am nächsten Tag machen Sie diese Bouillon wieder heiß, rühren die Glasnudeln ein und kochen sie, bis sie gar sind. Gut kauen, denn Schmuck knirscht im allgemeinen zwischen den Zähnen.

Für 8 Personen

Eiscreme-Würfel

Falls Sie nur normal große Schokoladenplättchen bekommen können, machen Sie die Würfel eben entsprechend größer. Und wenn Sie einen handlichen Snack für unterwegs haben wollen, wälzen Sie zwei dieser Würfel in rosa Kokosraspeln und hängen sie mit schwarzem Bandlakritz an den Rückspiegel Ihres Wagens. Dann aber schnell essen.

1 Riegel Vanille-Eiscreme
kleine Schokoladenplättchen

Mit einem Messer, das Sie in warmes Wasser getaucht haben, schneiden Sie die Eiscreme in etwa zwei bis drei cm große Würfel. Die Würfel legen Sie ins Gefrierfach, bis sie ganz fest sind. Dann drücken Sie in jede Würfelseite 1–6 Schokoladenplättchen, damit sie wie echte Spielwürfel aussehen.

In einem Plastik(knobel)becher servieren, aber aufpassen, daß Ihre Freunde nicht damit auf der Tischdecke spielen.

Dieses Rezept stammt von Marcys Mann Steve, der sich selbst gern als Millionär in der Trainingsphase bezeichnet. Ich wußte gar nicht, daß man Leute, die an einem Bankschalter sitzen, so nennt. Na, ist ja auch egal, jedenfalls ist dies hier sein Beitrag. Ich kann überhaupt nicht begreifen, warum er sich so eine Mühe mit den Möhren und den Erbsen gemacht hat. Hat dieser Mensch denn noch nie etwas von »über den Daumen gepeilt« gehört? Aber sagen Sie ihm das bitte nicht. Schließlich sind Steve und Marcy die einzigen Freunde, die wir haben.

Salade de petits pois à la Steve Rhoades

avec sauce mayonnaise au fromage et moutarde

Ich bin ein sehr vernünftiger Mensch, und ich weiß natürlich auch, daß andere Leute sich nicht so viele Gedanken über den Tierschutz machen wie Marcy und ich. Dennoch habe ich im Interesse einer gegenseitigen Toleranz unterschiedlicher Standpunkte in diesem Rezept auch die Kochanweisungen einbezogen, die Sie für den Fall benötigen, daß Sie die moralisch zweifelhafte Entscheidung getroffen haben – ich bringe es kaum über mich, das zu schreiben –, *Fleisch* zu essen. Bei den

Mengenangaben für *»Farmer John's in dicke Scheiben geschnittenen Speck«*, den Sie in einem solchen Fall für dieses Rezept brauchen, und der Art und Weise, wie er zubereitet wird, kann ich mich allerdings nur auf Vermutungen und grobe Schätzungen stützen.

Viele Arbeiten im Haushalt erledigen Marcy und ich gemeinsam, und ich koche auch oft. Ich versuche immer, das Abendessen schon fertig zu haben, bevor sie nach Hause kommt. Es wäre mir schrecklich, wenn ihr wunderbares und extrem empfindliches kleines Näschen von Kochdünsten und ihre so lieblichen Augen von Küchenqualm belästigt würden.

Dieses Rezept ist übrigens etwas sehr Elegantes, und schon oft habe ich es mit einigem Stolz für Gäste zubereitet. Als Investmentbanker, der tagtäglich im Wirtschaftsleben steht, bin ich natürlich eher an das metrische Zahlensystem gewöhnt, das auch Sie kennen. Aber mit Rücksicht auf Peg habe ich auch möglichst annähernd amerikanische Maße hinzugefügt, denn ich finde nicht, daß irgend jemandem der Zugang zu gastronomischer Exklusivität verwehrt werden sollte, ganz gleich, wie bescheiden seine Bildung sein mag.

405 frisch geschälte petits pois (ca. 250 ml oder 1 Tasse)
3 junge Möhrchen (je 10 g oder 1/3 Unze), in 140 Stäbchen geschnitten (je 1,5 mm × 1,5 mm × 2,5 cm (1/16 Zoll × 1/16 Zoll × 1 Zoll); insgesamt 125 ml oder 1/2 Tasse
1 Lauchstange (vorne 1 cm oder 3/8 Zoll im Durchmesser), davon jedoch nur das Weiße und das Hellgrüne (also 9 cm oder 3 3/8 Zoll in der Länge)
30 g (1 Unze) junge Spinatblättchen (250 ml oder 1 Tasse), eng verpackt, aber ohne Druckstellen
2 3 mm × 2,5 cm × 20 cm (1/8 Zoll × 1 Zoll × 8 Zoll) große und 25 g (7/8 Unzen) schwere Scheiben geräucher-

ten Speck, in insgesamt 16 Stücke à 2,5 cm (1 Zoll) aufgeschnitten; wie schon erwähnt sind jedoch diese Werte nur geschätzt
20 oder 25 ml (4 oder 5 Teelöffel) Olivenöl aus allererster Pressung
1 großer weißer Champignonpilz (35 g oder 1,2 Unzen), in 5 mm (3/16 Zoll) große Würfel geschnitten (Gesamtmenge 100 ml oder 6 2/3 Eßlöffel)
1 Rezept »Sauce mayonnaise au fromage et moutarde« (nächstes Rezept)
10 ml (2 Teelöffel) Himbeeressig oder Aceto Balsamico
0,6 ml (1/8 Teelöffel) frisch gemahlener Pfeffer
12 ml (2½ Teelöffel) frisches Basilikum, in 1,5 mm (1/16 Zoll) breite und 2,5 cm (1 Zoll) lange Schnipsel gehackt
11 ml (2¼ Teelöffel) frische Minze oder Pfefferminze, wie das Basilikum gehackt

Gießen Sie in einen Dampfkochtopf 5 cm (2 Zoll) Wasser und bringen Sie es auf kleiner Flamme zum Kochen. Geben Sie die Erbsen in den Kocheinsatz, und setzen Sie ihn in den Topf. Danach decken Sie den Topf zu und kochen die Erbsen, bis sie *al dente* sind. Die einzige Möglichkeit, dieses bei petits pois zu erreichen, ist, daß man alle 50 Sekunden eine probiert. Dafür sind die fünf überzähligen Erbsen vorgesehen.

Gießen Sie den Topfinhalt in ein geeichtes, rostfreies Sieb mit 1,5 mm (1/16 Zoll) großen Maschen und einem Durchmesser von 13 cm (5 Zoll), und schütteln Sie sie leicht, um alle Flüssigkeit abtropfen zu lassen. Entnehmen Sie dem Sieb 25 % der Erbsen, und verteilen Sie sie auf Küchenpapier. Rollen Sie sie mit der Handfläche sanft hin und her, bis sie rundherum trokken sind. Geben Sie diese Erbsen in eine Schüssel mit einem Bodendurchmesser von 20 cm (7 1/8 Zoll). In weiteren drei Arbeitsgängen verfahren Sie mit den übrigen Erbsen ebenso. Danach heben Sie vorsichtig die Möhrchen unter, ohne die Erbsen zu verletzen. Stellen Sie die Schüssel zur Seite. Schneiden Sie die Lauchstange in 2,5 mm (1/8 Zoll) breite Scheibchen, und trennen Sie die einzelnen Ringe voneinander. Danach stellen Sie sie ebenfalls zur Seite.

Waschen Sie die Spinatblättchen sehr gründlich, und tupfen Sie sie ganz vorsichtig trocken. Zerzupfen Sie sie mit der Hand in 2,5 × 5 cm (1 Zoll × 2 Zoll) große Stücke, wenn die Blätter nicht ohnehin schon kleiner sind, und verteilen Sie sie folgendermaßen auf zwei Teller (28 cm oder 11 Zoll im Durchmesser): Lassen Sie einen 4 cm (1½ Zoll) breiten Rand und einen mittleren Kreis von 10 cm (4 Zoll) Durchmesser unbedeckt, und bestreuen Sie den Rest der Fläche mit dem Spinat, so daß ein 5 cm (2 Zoll) breiter Ring entsteht. Er sollte einem Lorbeerkranz ähneln. Stellen Sie die Teller zur Seite.

Nun geben Sie die Speckstreifen, ohne daß sie sich berühren, in eine Kupferpfanne mit einem Bodendurchmesser von 15–18 cm (5 7/8–7 1/16 Zoll). Sie müssen auf mittlerer Flamme 1 Minute 55 Sekunden braten. Dann drehen Sie die Streifen mit einer Küchenzange und braten die andere Seite 1 Minute 5 Sekunden, bis die Ränder eine braune und das Innere eine goldbraune Farbe angenommen haben. Nehmen Sie sie mit einem Pfannenheber aus der Pfanne, und trocknen Sie sie sorgfältig auf Küchenpapier. Ich muß noch einmal betonen, daß die Hinweise zur Behandlung des Fleisches nur Mutmaßungen sind.

Schalten Sie auf eine kleine Flamme, und geben Sie 10 ml (2 Teelöffel) Olivenöl zu dem ausgelassenen Fett in die Pfanne. Wenn Sie keinen Speck verwendet haben, gießen Sie jetzt 15 ml (3 Teelöffel) Öl in die Pfanne. In jedem Fall wird das Öl auf 140 °C (285 °F) erhitzt. Es muß so heiß sein, daß Sie Ihre Hand in einem Abstand von 5 cm (2 Zoll) nicht länger als 2,6 Sekunden über die Pfanne halten können.

Geben Sie jetzt sofort den Lauch und die Pilze in die Pfanne. Dünsten Sie beides genau 5 Minuten und 40 Sekunden, wobei Sie alle 70 Sekunden kurz umrühren. Die Pilze sind gar, wenn sie auf 9/16 ihres ursprünglichen Volumens geschrumpft und rundherum leicht angebräunt sind. Mit einem Pfannenheber transferieren Sie den Lauch und die Pilze in die Schüssel mit den Erbsen und den Möhren und rühren sanft um.

Mit einem 2,5 cm (1 Zoll) breiten Gummispachtel heben Sie jetzt das Mayonnaise-Dressing unter die Erbsen. Dann verteilen Sie den Erbsensalat in zwei Hälften zu je 105 ml (7 Eßlöffel). Wenn Sie nicht anders können, heben Sie nun noch den Speck unter die eine Hälfte des Salats. Wenn Sie jedoch auch nur einen Funken Respekt vor der Sensibilität Ihrer Mitmenschen haben, legen Sie ihn statt dessen nur auf Ihren eigenen Teller, und zwar so, daß er einen offenen Kreis beschreibt und später vollkommen unter den Erbsen begraben ist. Löffeln Sie den Erbsensalat auf die Teller, und formen Sie ihn dort zu einem sanften Hügel.

Jeden der Spinatringe bestreuen Sie nun noch mit 0,3 ml (1/16 Teelöffel) Pfeffer und je 5 ml (1 Teelöffel) Olivenöl und Essig. Über den Spinat und die Erbsen streuen Sie abschließend das Basilikum und die Minze. Sofort servieren.

Für 2,0 Gourmets

Sauce mayonnaise au fromage et moutarde

30 ml (2 Eßlöffel) Mayonnaise, nach Ihrem Lieblingsrezept hergestellt
6 ml (1¼ Teelöffel) frisch geriebener alter Parmigiano-Reggiano

5 ml (1 Teelöffel) Maille moutarde de Dijon au vin blanc
5 ml (1 Teelöffel) frisch gepreßter Zitronensaft
4 ml (¾ Teelöffel) frisch gepreßter roter Grapefruitsaft)
1 ml (¼ Teelöffel) frisch geriebene Muskatnuß

Löffeln Sie die Mayonnaise in eine Schüssel mit einem Bodendurchmesser von 6,5 cm (2½ Zoll). Mit einem 2,5 cm (1 Zoll) breiten Gummispachtel mischen Sie unter leichtem Rühren den Käse, den Senf und die Muskatnuß unter. Dann den Zitronensaft und den Grapefruitsaft einrühren. Bedecken Sie die Schüssel mit einer ausreichend starken Klarsichtfolie (ca. 13 Mikronen oder 1/2000 Zoll stark), und stellen Sie sie kühl, bis sie die Mayonnaise brauchen.

Ergibt 50 ml (3⅓ Eßlöffel)

»Jetzt mal im Ernst, Bud. Wer hat denn schon eine solche Erfahrung als Zechpreller wie Mom und Dad? Du meine Güte, immerhin warst du schon neun, bevor du überhaupt erfahren hast, daß ein Kino auch einen Vordereingang hat.« – Kelly

Endlich frei! Endlich frei! Restaurantfreuden

Einerseits ist ein Restaurantbesuch wirklich eine feine Angelegenheit. Man bekommt etwas Richtiges zu essen, ohne daß man selbst kochen muß. Aber die Sache hat auch ihre Schattenseiten. Ihre Familie wird ein paar unangenehme Dinge erfahren, zum Beispiel, daß Milch normalerweise beim Ausgießen nicht ins Glas *plumpst.*

Bevor Sie aber ein Restaurant besuchen, sollten Sie zunächst ein paar Benimm-Regeln lernen. So gilt es zum Beispiel als unhöflich, einem Kellner heimlich seine Telefonnummer zuzustekken, wenn man bereits gesehen hat, daß er in einer abgelegenen Ecke des Restaurants mit einem anderen Kellner Händchen hält. Auch lacht man nicht über andere Gäste, insbesondere nicht über das fette Weib, das zuerst das kalorienreduzierte Menü und danach einen Schokoladen-Milkshake bestellt hat.

Auf keinen, aber auch auf gar keinen Fall nimmt man jemals

Streichholzheftchen oder Zucker mit dem Werbeaufdruck des Restaurants mit. Den Typen vom Restaurant ist das zwar egal, aber Sie geben damit anderen Leuten einen sicheren Hinweis, daß Sie irgendwo waren, wo man sogar *Ihre* Familie eingelassen hat. Ach ja, und was das Besteck betrifft, so lassen Sie es bitte nur nach und nach mitgehen, damit Ihre Nachbarn nichts merken. Wenn Sie ganz sichergehen wollen, verstecken Sie es, bis Sie ein vollständiges achtteiliges Set zusammenhaben. Dann können Sie erzählen, Sie hätten es von einer entfernten Verwandten geerbt.

Leider kommen auch schon Perioden, wo man nicht genug Geld hat und deshalb seinen Mann mit ins Restaurant nehmen muß, damit er bezahlt. Und am Ende besteht er vielleicht sogar noch darauf, die Kinder mitzunehmen. Aber das ist ja eigentlich auch kein Wunder, vermutlich denkt er immer noch, sie wären von ihm. Meine Mutter hat mir früher immer wieder eingebleut: »Um Rechnungen und Verkäufer solltest du stets einen großen Bogen machen, aber wenn du zwischen beiden das kleinere Übel wählen mußt, dann nimm den Verkäufer.« Besten Dank auch, Mom.

Aber vor zwei Jahren ist dann ohnehin etwas passiert, was der gesamten Bundy-Blase alle Freude an Restaurantbesuchen verleidet hat. Da hat nämlich die großartige Burger-Bude *Johnny B. Goode's*, unser zweites Zuhause und ein echtes Symbol des American Way of Life, für immer ihre Pforten geschlossen. Mein Gott, was war das für ein Verlust! Denn immerhin habe ich dort seinerzeit den Mann kennengelernt, mit dem ich den Rest meines Lebens verbringen wollte. Al habe ich übrigens ebenfalls dort kennengelernt.

In Scharen kamen die Leute früher herbeigeströmt, um den Fettfleck an der Wand zu sehen, wo Al immer seinen Kopf angelehnt hat. Ich habe mich in jenem Jahr in ihn verliebt, als er zum ersten Mal das Fritten-Wettessen gewonnen hat. Ich sehe ihn noch vor mir, als wäre es erst gestern gewesen, wie er mit auf den Rücken gebundenen Händen dasaß, den Kopf auf dem Tisch, die Nüstern gebläht und nach Luft schnappend, während er einer Portion Fritten nach der anderen den Garaus machte, mitsamt der Tüte. Und wie in einem Spiegel sehe ich mich selbst, als ich jung und noch nicht vom Leben gebeutelt war – eine strahlende Cheerleaderin. Sosehr hat Al mich nie wieder erregt wie an jenem Tag, aber woher sollte ich das damals wissen? Tja, wenn man sich ein richtiges Bild von einem Mann machen will, dann sollte man eben doch auf mehr achten als nur auf die Größe seiner Zunge.

Aber immerhin lebt das *Johnny B. Goode's* fort in unserem Herzen, in Als Herzkranzverengung und auf unserem häuslichen Küchentisch. Denn irgendwie hat es Kelly am letzten Abend vor der Schließung noch geschafft, den Besitzer, unseren alten Spike, dazu zu überreden, daß er ihr all seine geheimen Rezepte überließ. Al war so stolz auf sie, daß sie sogar die Zwanzig-Dollar-Scheine behalten durfte, die sie zufällig in der Kasse gefunden hatte. Noch am gleichen Abend erlitt Spike dann einen Herzinfarkt. Aber Kelly sagt, daß er einen schönen Tod hatte. Und ich weiß genau, wenn er noch leben würde, dann würde er wollen, daß wir seine Rezepte zu Geld machen. Ich hoffe, das wird mir gelingen. Hier ist nun das Lieblingsgericht der Bundys.

»Sixteen Tons«-Cheeseburger

Spike sagte immer, dies sei der einzige Burger, den man mit einem Zahnstocher essen müsse. Und es war Spikes echtes Kohlenfeuer, was dem Burger seine leckere, unverwechselbar schwarze Kruste verlieh. Leider hat dann die Energiekrise in den siebziger Jahren den Preis für Eierkohlen in schwindelerregende Höhen getrieben, aber trotzdem hat Spike noch eine Weile durchgehalten, bis ihm dann das neue Emissionsschutzgesetz den Rest gegeben hat. Nach einem Herzinfarkt hat er aufgegeben und sich statt dessen auf seine Mostrichglasur verlegt.

Wir haben uns damals ziemliche Sorgen gemacht, daß er möglicherweise anfinge, sein Restaurant in einen Körnerfresser-Laden zu verwandeln, aber eigentlich waren seine Hamburger immer noch ziemliche Macho-Geräte.

Trotzdem, wenn Sie irgendwo im Haus noch Kohlen herumliegen haben, dann sollten Sie sie hierfür verwenden.

1 Pfund mageres Rinderhack
Pfeffer nach Belieben
½ Teelöffel geriebenen Kümmel
2 Teelöffel Apfelessig
2 Scheiben Schweizer Käse in kleinen Stücken
2 Eßlöffel milden Cheddarkäse, in kleine Stücke zerbröselt
1 Eßlöffel zerbröselten Blauschimmelkäse
1 Eßlöffel Senf
2 Eßlöffel Pflaumen- oder Aprikosengelee, Marmelade oder Eingemachtes
Warmes Knoblauchbrot
knusprigen Eisbergsalat
Tomatenscheiben

Formen Sie aus dem Rindfleisch zwei ca. 9 cm große Fladen. Darauf geben Sie den Pfeffer, den Essig sowie die Hälfte des Kümmels. Legen Sie die Hälfte des Käses jeweils in die Mitte, und lassen Sie dabei einen etwa 1,5 cm breiten Rand. Dann

klappen Sie den Hamburger hoch und drücken ihn zusammen, so daß die Käsefüllung vollkommen vom Fleisch umschlossen wird.

Verrühren Sie den Senf mit dem Obstzeug, und bestreichen Sie die beiden Burger mit dieser Mischung. Dann grillen Sie sie und bestreichen sie dabei immer wieder mit der restlichen Senf-Obst-Glasur, bis alles verbraucht ist. Beim Grillen die Burger einmal wenden. Wenn sie braun sind, auf dem Knoblauchbrot mit Salat und Tomatenscheiben servieren.

Ergibt 2 Portionen

»Ain't That a Shake«

Spike hat dieses Rezept entdeckt, als er eines Tages beim Mixen eines seiner, um die Wahrheit zu sagen, ziemlich durchschnittlichen Milchshakes bewußtlos geworden ist. Vermutlich war das sein erster Herzinfarkt. Kurz vorher hatte er noch ganz friedlich durch sein Fenster auf den Hamilton-Strand hinausgeblickt, und als er wieder zu sich kam, fand er sich auf dem Fußboden wieder. Sein Gebiß war zerbrochen, und überall in der Küche flogen blutverschmierte Haarbüschel herum. Es herrschte ein fürchterliches Chaos.

Al wollte Spike unter die Arme greifen und half ihm beim Aufräumen. Aber als er sich dann an die Milchshake-Maschine machen wollte, senkte sich plötzlich eine ehrfürchtige Stille über den ganzen Raum. Ganz offensichtlich waren ein paar von den scharfen Pfefferminzbonbons, die Spike immer lutschte, zusammen mit einigen Haarbüscheln in den Rotor geraten und hatten sich zu einem wahren Milchshake-Wunder vereinigt. Wir haben gebittet und gebettelt, aber es half nichts. Spike bestand darauf, daß wir für sein Haar irgendein Substitut finden müßten. Es war einfach nicht genug davon da. Also haben wir statt dessen Puddingpulver genommen.

Und hier kommt nun Spikes Spezial-Shake. Sie müssen das Rezept aber ganz genau befolgen. Einmal, als ich weder Pfefferminzbonbos noch *Tik Taks* im Hause hatte, habe ich es mit Kaugummi versucht. Es war eine Katastrophe. Vielleicht war aber auch das Zeug, das da unter meinem Schuh klebte, am Ende gar kein Kaugummi.

¼ l Milch
6 scharfe Pfefferminzbonbons oder 12 Tik Taks mit Zimtgeschmack
5 Eßlöffel Puddingpulver für Schokoladenpudding
2 Eiswürfel
1 großer Löffel Eiscreme

Geben Sie die Milch, die Bonbons, das Puddingpulver und die Eiswürfel in ein Mixgerät, und pürieren Sie alles, bis Sie nicht mehr dieses Knirschgeräusch hören. Dann fügen Sie die Eiscreme hinzu und mixen weiter, bis eine dicke, schaumige Masse entstanden ist. Sofort servieren.

Ergibt 1 Shake

»Devil or Angel«-Kuchen

Nachdem Spike 1974 seine erste ernste Kopfverletzung davongetragen hatte, litt er ein paar Monate lang unter einer schweren Persönlichkeitsspaltung. Es war ein Trauerspiel, das mitansehen zu müssen. Wenn er einen Kuchen backte, wollte die eine Hand die Schokolade dazugeben und die andere schob sie weg. »Nein, nein, nein. Ja, ja, ja. Schokolade! Karamel! Hast du schon die Katze gefüttert? Warum muß ich das immer machen?«

Es wurde so schlimm, daß er in sein Restaurant kam und gleich darauf noch einmal auftauchte, ohne daß er überhaupt weg gewesen war. Seine Persönlichkeit vervielfältigte sich in einer derart rasenden Geschwindigkeit, daß er schließlich sämtliche Angestellten entlassen mußte, weil außer ihm niemand mehr hinter den Tresen paßte. Wir hätten uns bestimmt riesige Sorgen um ihn gemacht, aber uns hat er ja auch vertrieben. Es mußte etwas geschehen, aber war das etwa unser Problem? Außerdem ist der Kuchen wirklich sagenhaft gut.

16 Eßlöffel Butter
250 g Blockschokolade
16 Eßlöffel weißen Raffinadezucker
1 Teelöffel Backpulver
1¼ Teelöffel Vanilleextrakt
4 große Eier
200 g gesiebtes Mehl
16 Eßlöffel braunen Rohrzucker

Zerlassen Sie die Butter, und geben Sie sie zum Abkühlen in eine mittelgroße Schüssel. Dann lassen Sie die Schokolade schmelzen und geben sie zum Abkühlen in eine andere mittelgroße Schüssel. Verrühren Sie den weißen Zucker mit der Schokolade, bis eine glatte Masse entstanden ist.

Legen Sie eine ca. 15 × 20 cm große Backform mit einer doppelten Lage Alufolie aus. Achten Sie darauf, daß Sie die Folie fest in die Ecken drücken, ohne daß sie zerreißt. Dann fetten Sie sie gut ein und heizen den Ofen auf 180 °C vor.

Verrühren Sie die Butter mit dem Backpulver, der Vanille und zuletzt mit den Eiern. Schlagen Sie die Masse so lange, bis sie glatt ist. Geben Sie nun das Mehl in die Schüssel, und rühren Sie es leicht unter. Danach nehmen sie etwa ¼ Pfund des Teigs und rühren ihn unter die Schokolade, bis eine glatte Masse entstanden ist. In den verbliebenen Teig rühren Sie den braunen Zucker ein.

Mit einem Suppenlöffel geben Sie den Schokoladenteig in die Backform und lassen dabei jeweils zwischen den einzelnen Schokoklumpen einen Abstand, den Sie mit dem anderen Teig füllen. Danach stechen Sie ein dünnes Messer in den Teig und ziehen es mehrmals quer durch, so daß die beiden Teigsorten ein wenig ineinandergezogen werden, ohne sich vollständig zu vermischen. Schlagen Sie die Form ein paarmal auf Ihre Arbeitsfläche, damit der Teil glatt wird. Ist die Oberfläche dann immer noch uneben, glätten Sie sie mit feuchten Händen. Backen Sie den Kuchen 35 Minuten oder so lange, bis Sie einen kleinen Spieß hineinstechen können, an dem beim Herausziehen kein Teig mehr klebenbleibt.

Für 8 Personen

»Ring of Fire«-Zwiebeln

Spike war wirklich ein netter alter Kauz und ein echter Kumpel, aber er hat es Als Brüdern Simon und Theodore nie verziehen, daß sie sich so über ihn kaputtgelacht haben. Obwohl ich mir eigentlich sicher bin, daß er ihnen am Ende doch noch verziehen hätte, wenn er nicht nach dem Unfall sein Erinnerungsvermögen verloren hätte.

Es wäre alles nur halb so schlimm gewesen, wenn Spike nicht

kurz zuvor in eine Wanne voller Schweineschmalz gefallen wäre. Das war übrigens noch vor der Zeit, als er nachts darin schlief, um seine Rückenschmerzen zu lindern. Hinzu kam noch, daß er gerade sein künstliches Bein mit dieser leicht brennbaren Farbe neu hatte lackieren lassen.

Vielleicht wäre gar nichts passiert, wenn er das Feuer früh genug gesehen hätte. Aber es brannte schon ein paar Minuten, während Spike versuchte, das Metzgermesser herauszuziehen, das von der Theke gefallen war und seinen gesunden Fuß an den Fußboden geheftet hatte.

Genau in diesem Moment gab es einen Kurzschluß, und im nächsten Moment sah man nur noch einen Feuerring, in dem Spike verzweifelt im Kreis hüpfte, während die Flammen immer höher stiegen. Es war so heiß, daß die Flaschen mit der Chilisauce auf dem Regal über seinem Kopf explodierten. Die ganze Sauce ergoß sich über Spike, gab dem Feuer neue Nahrung und überschwemmte auch den Plastikeimer mit dem Teig für die Zwiebelringe, den Spike mit seinem verletzten und blutenden Körper gegen die Flammen abzuschirmen versuchte.

Wie durch ein Wunder wurde der Teig kein Raub der Flammen, und ein neues kulinarisches Meisterwerk war geschaffen. Spike allerdings sah für die nächsten paar Jahre nicht besonders gut aus.

1 großes Eigelb
8 Eßlöffel Milch
2 gepreßte Knoblauchzehen
3/8 Teelöffel gehackter Thymian
1/2 Teelöffel Backpulver
1/4 Teelöffel Salz
1/4–1/2 Teelöffel gehackte Chilischoten (den Anblick von Chilisauce konnte Spike zeitlebens nicht mehr ertragen)

2 Eßlöffel geriebenen Parmesan
4 Eßlöffel gelbes Maismehl
6 Eßlöffel Weizenmehl
Pflanzenöl
2 kleine bis mittelgroße weiße oder gelbe Zwiebeln
erhitzte scharfe Barbecuesauce

Verrühren Sie mit einer Gabel das Eigelb, die Milch und den Knoblauch in einer mittelgroßen Schüssel. Rühren Sie Thymian, Backpulver, Salz und die Chilis unter. Dann vermischen Sie den Parmesankäse, das Mais- und Weizenmehl und rühren es mit der Gabel in die Schüssel.

Bedecken Sie den Teig mit Klarsichtfolie, und stellen Sie ihn kühl. Füllen Sie einen großen Topf mit so viel Öl, daß es etwa 5 cm hoch steht, und erhitzen Sie ihn auf großer Flamme. Dann schneiden Sie die Zwiebeln in ca. ½ cm dicke Scheiben und trennen die einzelnen Ringe voneinander.

Das Öl muß sehr heiß werden (Spike sagte 120 °C, ich sage sehr heiß), darf aber nicht qualmen. Danach schalten Sie zurück auf mittlere Flamme und geben ein paar Zwiebelringe in den Teig. Holen Sie sie mit einer Gabel wieder heraus, und lassen Sie den überflüssigen Teig zurück in die Schüssel tropfen. Geben Sie ca. 8 Zwiebelringe in das Öl und fritieren sie, bis sie braun sind. Gegebenenfalls sollten Sie sie einmal wenden. Pro Ladung dauert es nur ungefähr zwei Minuten. Trocknen Sie die Zwiebelringe auf Küchenpapier, während die nächsten acht im Öl braun werden. Mit der Barbecuesauce servieren.

Ergibt 4 Portionen

»Hound dogs«

Spikes Frau hatte nie die Zeit, ihm zu Hause einmal zuzuhören. Mit ihrer Kindertagesstätte und ihrem Foto-Versandhandel »Lolita« hatte sie locker neunzehn Stunden am Tag zu tun. Wann immer man also zu Spike ins Restaurant ging, konnte man sicher sein, daß man eine von seinen großartigen Geschichten zu hören bekam.

Einmal hat er uns von dem Tag erzählt, an dem Rock Hudson ins *Johnny's* kam, um auf die Toilette zu gehen. Spike ging vollkommen in seiner Geschichte auf, spielte sie mit verteilten Rollen vor, wedelte dabei die ganze Zeit mit seinem Hackmesser herum wie ein Artist und zerteilte in rasender Geschwindigkeit Rippchen. Er war damals übrigens schon so gut wie blind, seit dem Tag nämlich, als er versucht hatte, durch eine Scheibe geräucherten Truthahn hindurch eine Sonnenfinsternis zu beobachten. Trotzdem sagte er später immer, es sei die Sache wert gewesen. Er habe Gott gesehen, aber Gott ihn nicht, was die ideale Lösung sei. Na ja, wie dem auch sei, jedenfalls war er mittlerweile an dem Punkt in seiner Geschichte angelangt, wo der alte Rabbi Feldman wie von der Tarantel gestochen aus der Toilette geschossen kommt, und wir dachten alle, daß Spikes Schreie zur Geschichte gehörten.

Das stimmte aber nicht. Irgendwie hatte dieser rührende alte Mann es fertiggebracht, sich einen Finger abzuhacken, der auch prompt über die Theke schlitterte und in der Friteuse landete. Und ehe wir uns versahen, hatte Spikes Star-Kellnerin Connie, ohne groß hinzusehen, den knusprig braunen kleinen Zylinder auch schon auf ein Brötchen gepackt. Spike versuchte wie verrückt, es ihr wieder zu entreißen, aber sie dachte, er wolle nur Ketchup daraufspritzen. Connie hat das Ding dann einer schwedischen Austauschstudentin serviert, und wir standen alle um Inga herum und sahen zu, wie sie ihren ersten amerikanischen Hot dog aß. Sie fand ihn einfach toll!

Als Spike dann aus dem Krankenhaus entlassen wurde, sind wir alle zusammengekommen und haben ihm eine Riesenparty geschmissen. Natürlich hat uns das nicht viel gekostet, weil sie im *Johnny's* stattfand und wir Spikes Vorräte verbrauchten. Neu auf der Karte stand das *Pièce de résistance*, ein fritierter Hot dog. Spike war so überwältigt, daß er rückwärts in die Wurstschneidemaschine fiel. Ich glaube, das war seine Art, danke zu sagen.

Nur schnell ein paar Hinweise. Wenn man die Würstchen einritzt, werden sie durch und durch fritiert und sind sogar noch knuspriger als die Originalversion. Eingeritzte Hot dogs schmecken auch gegrillt sehr lecker, wenn man sie mit einem Spachtel immer wieder nach unten drückt, damit sie auch wirklich schwarz werden.

Pflanzenöl
2 Hot dogs pro Person

Gießen Sie etwa 2 cm Öl in eine Pfanne, in die doppelt so viele Hot dogs passen sollten, wie Sie machen wollen. Das Öl muß so heiß werden, daß ein Stück Brot oder eine Zigarette sofort zu brutzeln beginnen, wenn sie hineinfallen. Während das Öl zu sieden beginnt, ritzen Sie in Ihre Hot dogs auf einer Seite ein paar diagonale Schnitte. Dann drehen Sie sie um und ritzen auf der anderen Seite noch zwei Schnitte. Geben Sie die Hot dogs in das heiße Öl, und fritieren Sie sie, bis sie rundherum knusprig braun sind. Dabei sollten sie öfter gewendet werden. Die Würstchen verdrehen sich bei dieser Prozedur zwar vollkommen, aber sie schmecken sagenhaft.

»We Can Pork it out« (in Erinnerung an José)

José war der für Spike zuständige Mann vom Gesundheitsamt, und die beiden haben sich immer gern gegenseitig auf die Schippe genommen. Eines Tages sagte José zum Beispiel: »Das Stück Schweinefleisch da solltest du aber unbedingt gut durchbraten.« Und Spike witzelte zurück: »Warum probierst du es nicht einfach?«

Sie hätten sehen sollen, wie viele Leute zu Josés Beerdigung kamen. Und nachher haben wir uns alle, wie so oft in Zeiten der Trauer, im *Johnny's* getroffen, wo Spike dieses Gericht präsentierte – in Erinnerung an einen guten Kumpel und einen Mann, der seinen Beruf ernst nahm.

1 Eßlöffel Oliven- oder Pflanzenöl
350 g vorgewürztes Schweinemett
1½ Kilo grob gehackte Tomaten aus der Dose
1 mittelgroße, grob gehackte Zwiebel
½ Teelöffel getrocknetes Oregano
½ Teelöffel getrocknete Minze
Nach Belieben schwarzen Pfeffer aus der Mühle
½ Pfund in kleine Stücke geschnittener weißer Käse, z. B. Mozarella
6–7 Handvoll Tortilla-Chips (die gute Sorte!), je nach Größe zerkrümelt

Erhitzen Sie das Öl auf mittlerer Flamme in einer Pfanne, geben Sie das Mett hinein, und braten Sie es gut durch. Dann nehmen Sie es mit einem Pfannenheber aus dem Öl und schütten es zum Abtropfen in ein Sieb.

Geben Sie jetzt die Tomaten und die Zwiebeln in die Pfanne, würzen Sie mit Oregano, Minze und Pfeffer und rühren gut durch. Bei zugedeckter Pfanne zwanzig Minuten dünsten lassen, dabei zwei- bis dreimal umrühren.

Nehmen Sie den Deckel von der Pfanne, und rühren Sie zuerst das Mett und danach den Käse ein. So lange vermengen, bis der Käse geschmolzen ist, dann die Chips unterheben und sofort servieren.

Ergibt 4 Portionen

»Never Can't Say Good Fries«

Regen Sie sich nicht auf! Das sind nicht jene legendären Fritten, mit denen Al sich seinerzeit den Künstlernamen »Vielfraß Bundy« erstritt. Als Fritten waren nur ganz ordinäre, fettige alte amerikanische Pommes, die Sorte, die einem einfach so durch den Rachen rutscht, wenn man mit 64 Stück pro Minute gestoppt wird.

Das hier sind die anderen Fritten, deren Rezept Spike von einem Typ aus Cincinnati gewonnen hat, der eines Tages in sein Restaurant kam und eine dicke Wette auf einen Sieg der *Cubs* anbot. Es schmeckt so ähnlich wie *Cincinnati-Fünffach-Chili*, weswegen die Gourmet-Snobs von der Ostküste wahre Pilgerreisen nach Ohio antreten. In Ohio machen sie es normalerweise allerdings mit Spaghetti. Das geht natürlich auch, wenn man keinen Geschmack hat. Kein Wunder, daß die Stadt Cincinnati heißt.

Leider war Spike gerade in jenen Tagen nicht immer so ganz bei der Sache. Kurz zuvor war er versehentlich über das ganze Wochenende von den Kammerjägern eingeschlossen worden. Deshalb vergaß er wohl auch, seinen Wettschein abzugeben. Die *Cubs* gewannen mit zehn Punkten Vorsprung.

Spike mochte das Rezept aber trotzdem, selbst als dann ein paar Freunde von diesem Typ vorbeikamen und ihm ein Ohr abschnitten. »Auf dem Ohr habe ich sowieso schlechter gehört«, witzelte Spike danach oft in den wenigen Jahren, die ihm noch vergönnt waren. »Und jetzt eben gar nichts mehr.« Zum Glück mußten wir uns bei ihm nie vorsehen, denn er hat es nie gelernt, von den Lippen abzulesen.

50 Pommes frites
100 g Schmelzkäse
100 g Chili ohne Bohnen
gekochte rote Kidney-Bohnen (müssen nicht sein, besonders, wenn ich das für Al mache)
feingehackte Zwiebeln

Fritieren Sie die Pommes frites. Schmelzen Sie den Käse. Erhitzen Sie das Chili mit den Bohnen. Servieren Sie die Pommes frites mit dem ganzen anderen Zeug oben drauf. Wenn Sie eine Zutat auslassen, sind es »Vierfach-Fritten«. Wenn Sie zwei auslassen, sind es »Dreifach-Fritten«. Wenn Sie noch mehr auslassen wollen, warum gehen Sie dann nicht gleich Tofu essen?

Bundy-Eisbecher

Spike war ganz aus dem Häuschen, als sein Restaurant bei der Wahl von 1976 zum Wahllokal erklärt wurde. Den ganzen Tag ging alles gut, und Spike war vollkommen begeistert von seinem Umsatz. Essen, wählen, essen, wählen, essen, wählen – ich bin fast geplatzt. Und am Ende dieses wunderbaren Tages bestand Spike darauf, allen, die noch da waren, eine echte Kalorienbombe zu servieren.

Er schleppte einen »Devil or Angel«-Kuchen an, auf den er das tollste Eis angerichtet hatte, das er je gemacht hat. Er setzte den Kuchen ab und ging zum Wählen in die Kabine. Als wir ihn nach zwanzig Minuten endlich wieder herauszerrten, brüllte er immer noch: »Vermittlung, ich will auf der Stelle meine 10 Cent wiederhaben!« Als er sich von seinem Herzinfarkt erholt hatte, fand er in der Post einen Brief von Carters Wahlkampfteam, in dem man ihm für seine Spende in Höhe von $ 0,10 dankte.

Al hatte natürlich in diesen zwanzig Minuten Spikes Spezial-Eiscreme den Garaus gemacht. Und deshalb ist dies das einzige Rezept in diesem Kapitel, das ich nicht nach einem Songtitel benannt habe. Ich habe es nach meinem Al benannt, und niemand, noch nicht einmal ich, kann ihm diese Ehre wieder wegnehmen. Als Spike nämlich wieder aus der Reha-Klinik kam, waren die neuen Speisekarten schon gedruckt, und er konnte nichts mehr dagegen unternehmen.

1 Rezept »Devil or Angels«-Kuchen (S. 139)
250 g kleine Marshmallows
175 g gehackte Walnüsse
½–¾ l Karamelsauce
6 verschiedene Sorten Eiscreme, jeweils 4 Löffel
1 Rezept heiße »Black is Black«-Schokoladensauce (nächstes Rezept)
Gesüßte Schlagsahne oder Fertig-Sprühsahne
Maraschino-Kirschen (nach Belieben)

Lassen Sie den Kuchen nach dem Abkühlen in der Backform. Streuen Sie die Marshmallows und die Nüsse gleichmäßig darüber. Dann verteilen Sie darauf die Karamelsauce. Wenn Sie unbedingt wollen, können Sie Ihre Karamelsauce auch selbst zubereiten (S. 30), oder Sie machen es so wie Spike und kaufen sie in der Großpackung. Der Kuchen hält sich mit der Sauce ungekühlt mehrere Tage.

Kurz bevor Sie ihn servieren, geben Sie die Eiscreme darauf, und zwar mit vier Bällchen pro Stück, immer eins pro Sorte. Im *Johnny's* bestellte man einfach immer nur »Eis-Spezial« und bekam dann automatisch den Kuchen mit, oder ein »Doppeltes« (ein Stück mit zwei Eissorten) oder ein »Dreifaches« (3 Sorten) und so weiter.

Die Schokoladensauce, die Sahne und die Kirschen wurden immer auf getrennten Tellern serviert, damit die Eiscreme nicht schmolz. Im *Johnny's* waren die Bedienungen nämlich immer ein bißchen lahm.

Ergibt 1–24 Portionen

Heiße »Black is Black«-Schokoladensauce

125 g Butter in Flöckchen
6 Eßlöffel Maissirup
250 g Zucker
250 g ungesüßten Kakao
1 Becher süße Sahne
2 Teelöffel Vanilleextrakt

Zerlassen Sie die Butter und den Maissirup auf kleiner Flamme in einem mittelgroßen Topf. Dann rühren Sie den Zucker ein, bis eine glatte Masse entstanden ist, und danach den Kakao. Zerdrücken Sie alle Klümpchen. Jetzt schalten Sie auf mittlere Flamme hoch und rühren die Sahne ein, bis die Masse cremig geworden ist. Lassen Sie das Ganze unter ständigem Rühren kurz aufkochen. Gießen Sie die Sauce in eine Saucenschüssel, und lassen Sie sie etwas abkühlen. Dann rühren Sie die Vanille ein, und schon ist die Sauce servierfertig.

Man kann sie auch vorher machen und in einem zugedeckten Gefäß im Kühlschrank aufbewahren. Allerdings wird die Sauce dickflüssig, wenn sie kalt wird. Die Menge, die Sie benötigen, sollten Sie in diesem Fall also auf ganz kleiner Flamme unter ständigem Rühren noch einmal erhitzen.

Ergibt ½ Liter

KILL THE

Vermutlich haben Sie schon erfahren, daß Al die Sache mit dem Buch herausgekriegt hat. Ich habe den Verdacht, daß die Kinder mich für eine Fahrt in die Burger-Bude verraten haben.

Als Beteiligung an der Küchenarbeit sieht im allgemeinen so aus, daß er nur dumm herumsteht und krakeelt: »Wann erhebt das Abendessen sein abscheuliches Haupt?«

Wer hätte also gedacht, daß auch er kochen kann? Na ja, jedenfalls ist das hier Als »Bier-und-Kniften-Rezept für ganze Kerle«. Wenn Sie Ihrem Mann nicht verraten, daß Fisch ein Aphrodisiakum ist, kocht er es vielleicht einmal für Sie.

Fisch im Bierteig mit Kartoffelbällchen

Hier ist Al Bundy. Anders als mein verweichlichter Nachbar Steve, der sich nur kratzt, wenn seine Frau Marcy ihm sagt, wo es juckt, bin ich ein Freund von Essen, das sich wehrt. Es geht doch nichts über das erregende Gefühl, ein wildes Tier zu besiegen, das einst stark, edel und frei war und sich nun an deinem Haken windet und danach lechzt, aus der Hölle erlöst zu werden, zu der sein Leben geworden ist. Ja, irgendwie habe ich das Gefühl, daß Fische und ich eine Menge gemeinsam haben.

2 ungeschälte gewaschene Kartoffeln
8 Eßlöffel gesiebtes Weizenmehl
4 Eßlöffel Maismehl

¾ Teelöffel Knoblauchsalz (& zusätzlich welches für die Kartoffeln)
⅛ Teelöffel schwarzer Pfeffer
8 Eßlöffel warmes, schales Budweiser
1 großes Ei
2 Teelöffel Pflanzenöl (& zusätzlich welches zum Braten)
½ Pfund Weißfischfilets

Schneiden Sie die Kartoffeln mit einem Melonenschäler in klitzekleine Bällchen. Schmeißen Sie sie in eine alte Kaffeedose, und füllen Sie diese mit Bachwasser auf. Dann vermischen Sie in der Radkappe eines '57er Chevi mit einem sauberen Stock das Weizen- und das Maismehl mit Knoblauchsalz und Pfeffer. Zerkratzen Sie mir aber bloß nicht die Radkappe – die ist ein echter Klassiker. Dann reißen Sie mit bloßen Händen eine leere Budweiser-Dose in der Mitte durch und gießen das schale Bier, das Ei und die 2 Teelöffel Öl hinein. Legen Sie Ihre Hand auf die Dose, und schütteln Sie sie, bis alles gut vermischt ist. Danach rühren Sie das Mehl hinein. Den Teig stellen Sie in die Kühlbox, und dann gehen Sie die Fische angeln.

Wenn Sie nur Fische erwischt haben, die nicht größer sind als Ihre Köder, braten Sie sie ganz. Oder braten Sie von mir aus auch die Köder, das ist dann auch egal. Aber wenn Sie ein paar *richtige* Fische gefangen haben, dann schneiden Sie die gehäuteten Filets in ca. 3 cm große Stücke. Erhitzen Sie auf Ihrem Lagerfeuer ca. 2 cm Öl in einem großen Topf, bis es ganz heiß ist. Währenddessen gießen Sie das Wasser von den Kartoffeln ab, und trocknen Sie sie an Ihrem Unterhemd ab. Schmeißen Sie etwa ¼ des Fischfilets in den Teig, und rühren Sie mit einem Stock herum, bis sie ganz bedeckt sind. Mit dem spitzen Ende des Stocks spießen Sie den Fisch auf und werfen ihn in das Öl. Nach zwei bis drei Minuten, wenn die Stücke braun sind, sind sie fertig. Essen Sie sie sofort, sonst werden sie weich.

Die Kartoffeln braten Sie, während Sie den Fisch essen. Geben Sie 1/4 der Bällchen in das heiße Öl. Wenn sie zusammenkleben, rühren Sie, bis sie braun sind. In vier bis fünf Minuten sind die Kartoffeln gar. Streuen Sie etwas Knoblauchsalz darüber, und essen Sie sie, während Sie die restlichen drei Portionen kochen.

Reicht für 2 ganze Kerle

Der letzte Bundy-Bonus: Von Chefküchenjunge R. Dees.

Rick Dees, der berühmte Diskjockey von KIIS-FM und »Radio-King von L. A.«, dessen Sendung *Rick Dees Weekly Top Forty* in ganz Amerika ausgestrahlt wird, hat es sich nicht nehmen lassen, auch einen Beitrag zu diesem Buch zu leisten. Ist das nicht echt Zucker?

Dees' Schoko-Schoko-Schoko-Kuchen

1 Fertigmischung für Schokoladenkuchen mit Puddingfüllung
12 Eßlöffel Mayonnaise
4 Eßlöffel echte Butter
1 Tasse Wasser
3 Eier
8 Eßlöffel bittersüße Schokoladenplättchen

Fettet zwei ca. 15 cm große Kuchenformen mit *echter* Butter ein und bestreut sie mit Mehl. Dann rührt ihr in einer großen Schüssel mit einem Mixer bei langsamer Geschwindigkeit 30 Sekunden lang alle Zutaten außer der Schokolade durch. Danach rührt ihr zwei Minuten bei mittlerer Geschwindigkeit (oder mit 300 Schlägen per Hand) weiter. Nun schüttet ihr die bittersüßen Schokoladenplättchen in den Teig und gießt ihn in die vorbereiteten Formen. Im Ofen bei 180 °C 35 Minuten backen oder so lange, bis der Kuchen sich vom Rand der Form löst und sich sofort eindellt, wenn man ihn vorsichtig in der Mitte berührt. Zehn Minuten abkühlen lassen, dann aus der Form nehmen und mit Dees' Killer-Guß (nächstes Rezept) bestreichen.

Dees' Killer-Guß

½ Tasse heißes Wasser
1 Riegel ungesüßte Schokolade
350 g Zucker
3 Eigelbe
8 Eßlöffel weiche Butter
1 Eßlöffel Vanilleextrakt

Laßt die Schokolade im Wasserbad oder in der Mikrowelle schmelzen. Dann gebt ihr diese mit dem Zucker und dem heißen Wasser in eine mittelgroße Schüssel und verrührt alles mit dem Elektromixer bei mittlerer Geschwindigkeit, bis eine homogene Masse entstanden ist. Danach gebt ihr die Eigelbe, die Butter und die Vanille hinzu und mixt weiter, bis der Guß dickflüssig geworden ist. Stellt die Schüssel für zehn Minuten in Eiswasser oder in den Kühlschrank. Und dann auf den Kuchen mit dem Zuckerguß! Einfach DEESliziös!

BIOGRAPHISCHE ANGABEN

Die Autorin Linda Merinoff

Ich weiß, Sie werden sich jetzt fragen, wie das alles passieren konnte – wie eine erfolgreiche Autorin und Journalistin so tief sinken konnte, daß sie gemeinsam mit Peggy Bundy ein Kochbuch schrieb. Es war ein langer, allmählicher Abstieg bis zur völligen Bedeutungslosigkeit. Also hören Sie sich meine Geschichte an, und lernen Sie daraus. Auch Ihnen könnte so etwas widerfahren!

Ich durchlebte eine normale Kindheit, besuchte das *Antioch College* und studierte danach sogar noch eine Zeitlang im Institut für Film und Fernsehen des *Royal College of Art* in England. In dieser Zeit begann ich auch, für Rock & Roll-Zeitschriften zu schreiben, und wurde Kolumnistin für eine wöchentlich erscheinende englische Rock-Zeitung. Und dann kam ich richtig groß heraus. Einen Sommer lang arbeitete ich als Springerin im Sekretariat von *Cosmopolitan*.

Von nun an ging es steil bergauf. Ich interviewte intelligente und attraktive Männer für *Penthouse*. Ich berichtete über die Offenen Amerikanischen Tennismeisterschaften, schrieb über Kunstausstellungen, führte Interviews mit den Reichen und Berühmten dieser Welt. Was hätte ich mir noch Besseres erträumen können?

Aber ich langweilte mich. Ich erkannte, daß ich mit meiner Universitätsausbildung eigentlich zu Höherem bestimmt war, und jetzt war es an der Zeit, diesem Ruf zu folgen. Also arbeitete ich fortan für einen Fernsehsender.

Die meisten Leute denken wahrscheinlich, daß man als Fernsehprogramm-Zensorin in Saus und Braus lebt und nur mit nackten Leibern zu tun hat. Aber es steckt viel mehr dahinter. Stundenlang diskutiert man mit Fernsehautoren und Producern, schreibt ellenlange Aktennotizen und redet jedem in der Firma nach dem Mund. Man geht zu Fernsehaufnahmen und läßt jeden in den Genuß der eigenen jahrelangen Erfahrung kommen. Dann sonnt man sich in der Bewunderung seiner Mitmenschen und ist sich dabei völlig der Tatsache bewußt, daß alle froh wären, wenn man nie wiederauftaucht.

Eigentlich sollte man meinen, damit wäre ich zufrieden gewesen. Aber wieder verspürte ich das Verlangen, zu neuen Ufern aufzubrechen.

Also verließ ich den Sender und arbeitete fortan für Rona Barrett, für die ich ihre tägliche Radiosendung produzierte. Filmpremieren, private Vorführungen, Oscar- und Emmy-Verleihungen, Leute, die mich sofort zurückriefen – ja, das war genau das Hollywood, von dem ich immer geträumt hatte.

Aber tief in meinem Innern schrie eine Stimme nach mehr. Verzweifelt suchte ich nach meiner wahren Bestimmung, bis ich dann eines Nachts einen Traum hatte. »Schreib über Essen«, sprach ein dünnes Stimmchen zu mir. Ich erwachte voll von neuer Hoffnung und Tatendrang, und so begann ich, über Essen zu schreiben.

The Glorious Noodle: A Culinary Tour Around the World (Poseidon Press/Simon & Schuster) war mein erstes Buch, das veröffentlicht wurde. Die Kritiker überschlugen sich vor Begeisterung, und die Zeitschrift *Time* erklärte es zu einem der zehn besten Kochbücher des Jahres.

Mein nächstes Buch war *The Savory Sausage: A Culinary Tour Around the World* (Poseidon Press/Simon & Schuster), und es wurde ebenso enthusiastisch aufgenommen.

Dann kam *Gingerbread* (Fireside/Simon & Schuster – immer noch bei Ihrem Buchhändler erhältlich). Ich hielt mich für unsterblich. Alles, was ich anfaßte, wurde zu Gold.

UND DANN KAM BUNDY.

Eines Tages ging ich in einem leeren Einkaufszentrum einkaufen. Halloween stand vor der Tür, und ich suchte nach einem nuttigen Kostüm zum Verkleiden. Dann entdeckte ich einen Schuhladen mit den häßlichsten Schuhen, die man sich vorstellen kann. Ich ging hinein.

Gerade wollte ich mich hinsetzen, da kam diese Frau, die Geld aus der Registrierkasse geklaut hatte, hinter dem Tresen hervor und huschte durch die Tür. Ich rannte ihr nach. »Stehenbleiben«, rief ich. »Bleiben Sie stehen! Ich gebe Ihnen fünfzig Dollar für Ihr Kleid.« Sie blieb stehen. »Sagen wir fünfundsiebzig, und die Sache ist geritzt«, sagte sie. »In Ordnung, aber nur, wenn Sie mir noch beibringen, so zu gehen wie Sie.«

Wir gingen also zu *Fat Jack's Bier und Innereien-Spezialitäten*, um den Handel perfekt zu machen. Ich weiß nicht, ob sie mir etwas in meinen Drink getan hat, den sie mir so dringend empfohlen hatte (so einer mit einem kleinen Schirmchen drin).

Jedenfalls, noch bevor ich ohnmächtig wurde, hatte ich mich bereit erklärt, ihr Buch zu schreiben.

Als ich am nächsten Tag wieder zu mir kam, versuchte ich, die Sache rückgängig zu machen, aber ganz offensichtlich hatte ich da so ein Stück Papier unterschrieben. Zumindest sah es wie meine Unterschrift aus, aber ganz sicher kann ich es nicht sagen, weil mir zu diesem Zeitpunkt immer noch alles vor den Augen verschwamm.

Das war vor vierzehn Monaten, aber es kommt mir vor wie eine Ewigkeit. Diese Zeilen schreibe ich aus dem *Garten Eden*-Sanatorium. Sie müssen verstehen, fast ein Jahr habe ich in der Höhle des Löwen zugebracht – zwölf entsetzliche Monate im Hause Bundy.

Aber machen Sie sich keine Sorgen, ich komme schon wieder auf den Damm. Die Gruppentherapie ist gar nicht so schlecht. Außerdem sagen die Ärzte, daß es nur noch eine Frage der Zeit ist, bis ich wieder Appetit auf etwas habe. Ich glaube fest daran! Ich glaube fest daran!

SO WAHR MIR GOTT HELFE: EINES TAGES WERDE ICH WIEDER HUNGER HABEN!!!

Die Autorin
Linda Merinoff
(Kurzfassung)

Linda Merinoff schreibt Kochbücher. Sie hätte nie gedacht, daß sie einmal so tief sinken könnte.

DIE FAMILIE BUNDY

AL BUNDY

Al Bundy ist ansässig in Chicago, Illinois, wo er versucht, seine Doppelrolle als berufstätiger Mann und Familienoberhaupt in den Griff zu bekommen. Er arbeitet in *Garys Schuhe und Accessoires für die Frau von heute*, eine Karriere, die ihm alles abverlangt und die er als »langsamen Tod bei Mindestlohn« bezeichnet.

Zudem ist er ein fürsorglicher Ehemann und Vater und verbringt seine ganze Freizeit damit, anderen Frauen nachzustieren, die Sportschau anzusehen und Bier zu trinken. Zu seinen weiteren Interessengebieten zählt, anderen Frauen nachzustieren, die Sportschau anzusehen und Bier zu trinken.

Al Bundys bescheidenes Lebensziel läßt sich umschreiben als Tod auf Raten in der Mittelschicht, und er hofft, daß dieser Tod ihn aus dieser Hölle auf Erden befreien wird, in die er sich freiwillig begeben hat.

BEER

PEGGY BUNDY

Peg Bundy ist die perfekte Ehefrau und Mutter. Sie widmet sich ausschließlich ihrem Heim und ihrer Familie und würde eher sterben, als eine Arbeit außer Haus anzunehmen. Allerdings würde sie auch eher sterben, als zu Hause einen Finger krumm zu machen. Und daher kommt ihr ihre kreative Art, die Hausarbeit anzugehen, sehr zustatten.

Pegs kulinarische Fähigkeiten werden nur noch von ihrer geschickten Einkaufspolitik übertroffen. Viele ihrer äußerst preisgünstigen Schnäppchen-Rezepte finden sich in diesem Kochbuch wieder. Zu den Lieblingsspeisen der Familie zählen der »Miststück-Kuchen«, das »Rauchmeldersteak« und das »Hühnchen-Sandwich à la Tschernobyl«.

Als glühende Anhängerin der lokalen Kunstszene hat sich Peggy Bundy außerdem durch mehrere großzügige Spenden an *Troys exotische Male-Dancing-Truppe* und die *Macho-Telefon-Hotline* hervorgetan.

Ansonsten beschäftigt Peggy sich hauptsächlich damit, ihren Mann so einzuschüchtern, daß er sich gelegentlich zu einem Schäferstündchen mit ihr gezwungen sieht, ihre Kinder so zu erziehen, daß sie nicht in die Fußstapfen ihres indiskutablen Vaters treten, und ihren nervigen Nachbarn Steve und Marcy Rhoades aus dem Weg zu gehen.

KELLY BUNDY

Kelly Bundy, Tochter von Al und Peggy Bundy, ist eine ehrgeizige Oberschülerin aus Chicago. Sie hat sich sogar das Ziel gesteckt, eines Tages den Abschluß zu schaffen.

In der Zwischenzeit ist Kelly vornehmlich bekannt für ihre

Beziehung zum anderen Geschlecht – Lehrern, Schülern, Hausmeistern – eigentlich jedem, der ihr über den Weg läuft. Ein besonders liebevoller Zug an ihr ist, daß ihr jeder diskriminierende Gedanke fremd ist.

Als blonde Schönheit ist sie der Traum eines jeden Mannes und der Alptraum einer jeden Mutter – abgesehen von ihrer eigenen Mutter Peg, die stolz darauf ist, ihre eigene rechtschaffene Moral an ihre Tochter vererbt zu haben.

Aber die nette Kelly ist auch intelligent genug, aus den Fehlern ihrer Mutter zu lernen. Sie hat sich vorgenommen, sich zu guter Letzt doch einen reichen Kerl zu angeln und dann so schnell wie möglich aus der Familie Bundy zu verschwinden.

BUD BUNDY

Obwohl Bud noch zur Oberschule geht, hat er sich bereits einen Ruf als sensibles und liebevolles Mitglied des Bundy-Clans erworben. Obwohl selbst sehr beschäftigt, nimmt er sich zum Beispiel doch immer wieder die Zeit, seiner dümmlichen Schwester bei den Hausaufgaben zu helfen. Und obwohl das, was er ihr vorsagt, gewisse Ähnlichkeiten mit den Handlungsverläufen alter Fernsehserien hat, ist doch die Tatsache hervorzuheben, daß ihm seine Schwester immerhin genug bedeutet, daß er ihr die Tasche vollügt.

So interessant Buds intellektuelles Leben ist, so langweilig ist sein soziales. Aber dafür hat er ja Kelly, die ihn immer wieder damit tröstet, daß er zwar vermutlich nie mit einem Mädchen ausgehen wird, aber wenigstens noch sein Kopfkissen namens Shirley hat.

DAS EHEPAAR RHOADES

MARCY RHOADES

Die energische Marcy Rhoades, ehemalige Leiterin der Kreditabteilung der Kyoto-Nationalbank, würde sich niemals von persönlichen oder beruflichen Rückschlägen entmutigen lassen. Zwar hat die Bank sie mittlerweile auf den entwürdigenden Posten einer Kassiererin an einem Autoschalter degradiert, nachdem sie für einen ungesicherten Kredit den Kopf hingehalten hat, den ihr Mann Steve seinem Nachbar Al Bundy gewährt hat. Aber Marcy ist fest entschlossen, bald wieder die Erfolgsleiter in ihrem Unternehmen zu erklimmen.

Unter Marcys langweiligem Bürodreß verbirgt sich eine siedend heiße Sexualität. Aber da ihre Ehe auf langweiligen Beinen steht, ist sie gezwungen, sich auf so anrüchige Vergnügungen wie Duschmassagen zu verlegen.

Doch obwohl ihre Karriere und ihr Privatleben so viele Wünsche offenlassen, braucht Marcy nur einen einzigen Blick hin-

über zu den Nachbarn zu werfen, um Trost in der einen unverbrüchlichen Tatsache zu finden: Sie ist keine Bundy.

STEVE RHOADES

Steve Rhoades ist ein ehemaliger Bankangestellter, der sich entschlossen hat, der brutalen Tretmühle des Big Business ade zu sagen und sich das bescheidenere und seinem Seelenfrieden zuträglichere Leben aufzubauen, nach dem er sich schon so lange sehnt und das er so verdient. Die Tatsache, daß man ihn gefeuert hat und es ihm nicht gelingt, selbst den mickrigsten und schlechtestbezahlten Job durchzustehen, bestätigt ihn nur in seiner Überzeugung, daß er sich nun endlich auf dem richtigen Weg befindet.

Obwohl seine ehrgeizige Frau Marcy unter dieser Situation furchtbar leidet und den Fall ihres Mannes aus der monetären Gnade als unerträgliche Blamage empfindet, geht sie mit ihrem Mann durch dick und dünn – außer wenn er seine Mutter besucht, natürlich.

Seit Steve Rhoades seine beruflichen und privaten Ambitionen zurückgeschraubt hat, findet er zunehmend Gefallen an der schlampigen Lebensweise der Bundys, die seit vielen Jahren seine Nachbarn sind. Und eigentlich gehört er dort mittlerweile zur Familie.

Band 11949

Peter Mennigen

Eine schrecklich nette Familie

Al Bundy und seine Chaotenfamilie lassen kein Fettnäpfchen aus, in das sie treten können. Sie sprechen das aus, was andere schamhaft verschweigen, Hauptsache, der Gag ist gut. Und so giften sich der Schuhverkäufer Al, seine Frau Peggy, die Falten ins häusliche Sofa sitzt, seine Tochter Kelly, genannt Dumpfbacke, und sein pubertierender Sohn Bud durchs typische Vorstadtleben, laut, schrill und mit jeder Menge Zynismus …

Das Original-Sprüchebuch

BASTEI LÜBBE

Band 11947

Berry Fuger

**Gute Zeiten –
Schlechte Zeiten**

Auf der Suche nach dem großen Glück verstricken sie sich in Liebe und Leidenschaft

Erzählt wird die Geschichte von sieben jungen Menschen, die kurz vor dem Abitur von der Schule abgehen: Da ist Peter Becker, der vor den Schikanen seines Vaters von zu Hause flieht. Auch sein Freund Heiko hat Probleme mit den Eltern und sucht Trost bei Tina. Wie sie schmeißt auch ihre Freundin Elke trotz guter Leistungen die Schule. Doch sie hat ihre Gründe ... Und dann sind da noch Bertrand und Denise, die eine Familie gegründet haben, und Julia, die ihr Geld als Hosteß für reiche Geschäftsleute verdient ...

Roman nach den ersten 100 Folgen des gleichnamigen RTL-Serienhits

BASTEI LÜBBE

Band 12155

Berry Fuger

Gute Zeiten
Schlechte Zeiten

Die spannende Fortsetzungsgeschichte von sieben jungen Menschen und ihren Freunden, die sich mit aller Macht ins Leben stürzen...

Inzwischen haben (fast) alle Schulabgänger einen Job gefunden. Aber damit fängt der Ärger erst an...
Die Lehrerin Elisabeth Meinhart schreibt einen Bestsellerroman und lernt einen jungen Mann kennen, der sich als ihr Sohn ausgibt Doch eines Tages entdeckt sie die Warheit...
Dr. Frank Ulrich wird Opfer eines schrecklichen Unfalls. Elke muß sich vor einem unheimlichen Mörder verstecken. Und dann die Liebe: Es gibt Hochzeiten vorzubereiten, aber auch bittere Trennungen zu beweinen...

Roman nach den Folgen 101 – 200 des gleichnamigen RTL-Serienhits.

Band 12153

Fanny Flagg's

Original Grüne-Tomaten-Kochbuch

Wer Fannie Flagg's Bestseller »GRÜNE TOMATEN« gelesen oder den erfolgreichen Film gesehen hat, weiß, wie sehr der Autorin die Küche der Südstaaten am Herzen liegt. Jetzt ist das mit Spannung erwartete Kochbuch aus dem WHISTLE STOP CAFE endlich da. Fannie Flagg hat zu den vielen köstlichen Rezepten liebevolle, witzige Dialoge geschrieben und das Buch mit Photos von typischen Südstaatencafés ausgestattet. Die traditionellen Gerichte, wie z.B. Brathuhnsteak, Gingerbread und natürlich Gebratene Grüne Tomaten, sind allesamt leicht zuzubereiten.